"建设幸福广东"读本

幸福是朵花

主编／王桂科

加快转型升级政府是关键，建设幸福广东匹夫也有责

人人是创造幸福的主体，个个是享受幸福的对象

我为别人的幸福努力工作，别人为我的幸福创造条件

广东省出版集团　全国优秀出版社　全国百佳图书出版单位　广东教育出版社
·广州·

图书在版编目（CIP）数据

幸福是朵花："建设幸福广东"读本/王桂科主编．—广州：广东教育出版社，2011.3
ISBN 978-7-5406-8201-9

Ⅰ．①幸… Ⅱ．①王… Ⅲ．①社会主义建设模式—广东省—学习参考资料 Ⅳ．①D676.5

中国版本图书馆CPI数据核字（2011）第022416号

主　编：王桂科
撰　稿：洪　丹　翁小筑　赵新星　叶曙明
黄红丽　王　亮　蔡依纹　等

出 品 人：应中伟
策　　划：陶　已　黄红丽　李　贺
责任编辑：王　亮　李红霞　林　柯
赖晓华　李木子
宣传营销：程　煜　伍顺庭
装帧设计：黎国泰　陈宇丹
责任技编：王茂协
漫画插图：黑白灰工作室

出版发行	广东教育出版社 （广州市环市东路472号12-15楼） 邮编：510075　网址：http//www.gjs.cn
经　　销	广东新华发行集团股份有限公司
印　　刷	佛山市浩文彩色印刷有限公司 （佛山市南海区狮山科技园A区）
开　　本	787毫米x1092毫米　1/16
印　　张	10.25
字　　数	205 000字
版　　次	2011年3月第1版　2011年3月第1次印刷
书　　号	ISBN 978-7-5406-8201-9
定　　价	28.00元

质量监督电话：020-87613102　购书咨询电话：020-87621848

（摄影：《羊城晚报》陈秋明）

2011年1月6日，中共广东省委十届八次全会在广州举行，中共中央政治局委员、广东省委书记汪洋在会上作了“加快转型升级、建设幸福广东”的主题报告，并将其定为我省“十二五”时期的核心任务。

编委会

目录 CONTENTS

001 幸福头条

051 幸福访谈

075 幸福镜头

105 □□幸福地图

晨光之下人民公园的太极拳练习者（摄影：何勇当）

幸福头条

□ 套用一个电视剧的名字《幸福像花儿一样》，幸福在老百姓那儿像花儿一样，党委、政府要创造幸福这朵花儿成长的环境条件，比如说党委、政府要提供阳光、空气、土壤等条件。土壤不要有重金属、空气要有纯净度、阳光日照要充足。不要一天到晚不出太阳。否则花儿就长不起来了。

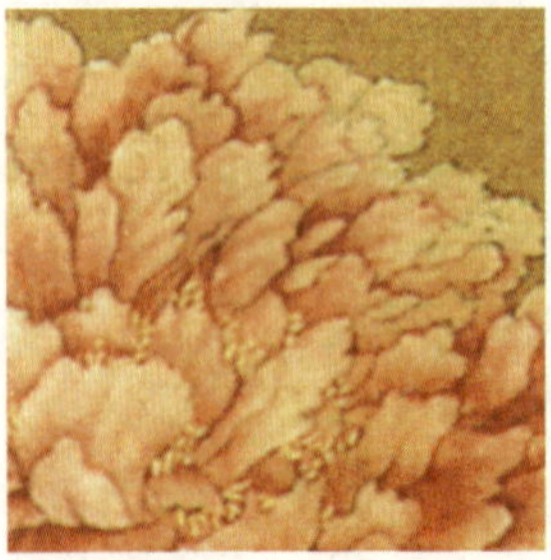

幸福从这里启航

幸福是个玄奥的词。古往今来，上智下愚无不将其树作终极目标并且为之不懈追问：幸福是什么？幸福在哪里？

《吴越春秋》中说：“民富国强，众安道泰。”“民富”在“国强”之前，古人早在千年前就提出了“以民为本”思想。始于三十多年前的改革，将中国经济带入了世界前列，也使“发展第一”成为了三十多年持续不变的首要目标。但GDP的高速增长并没有带来国民的同步富裕，收入差距大成了发展起来后的问题。党的十七大报告指出：“党的一切奋斗和工作都是为了造福人民。”纵观历史，不管是中国共产党带领广大人民群众打土豪、分田地，实现了解放战争和新民主主义革命的伟大胜利，还是改革开放“以经济建设为中心、大力发展生产力”，都是为人民谋幸福。今天，我们认真践行科学发展观，转变以GDP为核心的评价机制，同样也是为了人民幸福。GDP较快增长，这固然是民众幸福指数的必要物质条件，但其并不等于幸福指数，也不是衡量幸福的唯一标准。纵观世界，城市居民的幸福指数都不是简单地取决于人均GDP或人均收入，民众公认幸福感较高的城市，也并非都是经济最发达的城市，而是经济较好、全面协调发展、重视民生和社会和谐的城市。因此，创建“幸福中国”，还富于民，需要真正从物本位向人本位转换，而民富才是国强之源。

幸福时光机

[夏]

公元前约2130年，河南省偃师市二里头村，农妇后娇：

自从大禹把黄河治理好了以后，我家的田就再也没淹过了，今年家里种的黍和稷收成也很好。明年去隔壁村换一对陶碗，我家娃子就有娶媳妇的聘礼了。

品尝幸福滋味：每个人都能过上更体面的生活

温家宝总理在2010年春节团拜会上讲："新的一年，我们要更加努力工作，切实解决好民生问题……我们所做的一切，都是为了让人民生活得更加幸福、更有尊严。"随后的2月27日，温家宝总理在线与网友交流时指出："要让老百姓活得更有尊严"，主要指三个方面：第一，就是每个公民在宪法和法律规定的范围内，都赋予自由和权利。无论是什么人在法律面前，都享有平等。第二，国家的发展最终目的是为了满足人民群众日益增长的物质文化需求，除此之外，没有其他。第三，整个社会的全面发展必须以每个

广州荔枝湾涌揭开的是广州人对西关幸福生活的集体回忆（摄影：何勇当）

广州珠江新城海心沙的璀璨夜景（摄影：何勇当）

幸福时光机

[商]

公元前约1384年，河南安阳县，官府文书羿姜:

今天和官员们喝酒，用上了新打造的铜觥，手工实在太精细了，普通的酒装在里面都变得特别好喝！上头赏赐了青铜刻刀，我要把大事情都刻到龟甲和兽骨上，流传千古！

人的发展为前提，因此，我们要给人的自由和全面发展创造有利的条件，让他们的聪明才智竞相迸发。这就是我讲的尊严的含义。

2010年3月14日上午，十一届全国人大三次会议在人民大会堂举行闭幕大会。肩负着亿万人民的嘱托和期盼，近3000名全国人大代表，庄严地按下表决器，行使宪法赋予的神圣权力。温家宝总理代表国务院所作《政府工作报告》获高票通过。热烈的掌声，在万人大礼堂回荡。这掌声，是赞许，是期待，是对祖国富强、人民幸福的祝愿。从起草、修改、征求意见、不断完善，到提请全国人民代表大会审议通过，《政府工作报告》经过了十多次大的修改。它的诞生，就是一个集中民智、反映民意、凝聚民心、激励民力的过程。2万字的《政府工作报告》，字里行间渗透着“让人民生活得更加幸福、更有尊严”的铮铮誓言。

不管是富贵者，还是贫贱者，都应该体面地、有尊严地生活着——恐怕没有什么语言比这更能阐述“幸福”的滋味。这是一个现代文明法治社会，对公民权利基本保障的体现。不管你是富贵还是贫穷，是生病还是健康，不管你的能力是大还是小，对这个社会的贡献是多还是少，只要是个合法公民，就应该拥有有尊严的生活。有尊严的社会，应该是一个维护公平的社会；有尊严的社会，也应该是一个尊重弱者、保护弱者的社会。

改革开放三十多年，随着经济实力的增强，社会财富的累积，实现小康甚至富裕生活程度的人群越来越庞大；同时温饱线以下的人群越来越少。在一定程度上，人民群众基本的物质需求与生产力落后的尖锐矛盾正在得到逐步缓解。与此对应，随着人民物质需求逐步得到保证，精神层面的需求矛盾越来越突出。这样一种新形势，给执政者提出更高的要求。要人民更幸福，更有尊严，意味着国家在发展理念、发展模式上，在干部的考核指挥棒上，应该尽快走出片面追求经济发展速度、追求GDP，走出“见物不见人”的发展误区，更加关注社会建设、文化建设以及政治文明建设；由从更多关注群众的物质需求，关注“民生”，转而向更尊重人的全面发展，更加关注社会公平和人民群众利益的诉求。这就要求从制度设计上，由注重追求效率到更加注重社会公平和正义；由集中满足群众的基本物质需求到侧重满足人民群众的更高层次的精神需求。

去年，温家宝总理在北京大学与学子共度五四青年节时，有一个很有意味的细节，就是一位北大同学写了总理经常说的“仰望星空”那四个字，总理又意味深长回写了“脚踏实地”四个字，这一仰一俯，八个字正点出了科学民主在今天中国的深刻内涵。

仰望星空要有理想，要有信仰，科学民主首先是一种精神，是一种信仰，我们相信科学民主就要相信中国特色社会主义的道路一定会越走越宽，我们就要相信公平、正义的光辉一定会铺洒整个社会，所以我们说要“仰望星空”。同时要“脚踏实地”，要“身体力行”，要“实事求是”，因为科学民主还是一种生活状态，是一种社会实践，我们希望科学民主在中国社会能繁荣茂盛，因此就要立足中国国情，就要立足中国社会发展的阶段这些实

幸福时光机

[周]

公元前约1050年，陕西西安，前朝奴隶比赵：

周武王英明啊！商朝残暴的纣王把我们这些无辜的奴隶囚禁了起来，幸亏周武王率领诸侯推翻了商朝，我们终于自由了！武王对贫穷的百姓还有救济，我可以安心耕种土地了，再无奢求。

际的情况，在这种情况下，我们往前走，去坚持科学，去发展民主，不要人云亦云。让羸弱者感觉到生活的温馨；让普通人感觉到生活的幸福；让更多的人感觉生活在这个国度的骄傲、自豪；“给人的自由和全面发展创造有利的条件”，相信这是温总理的期待，也是我们共同的追求。

“幸福广东”愿景：保证人民群众的幸福更给力更长久

2011年新年的钟声刚过，中共广东省委十届八次全会传来的是汪洋书记充满“幸福”的施政报告。在这篇为广东未来五年发展定调的报告中，“幸福”出现的频率高达40次。汪书记希望他的团队以及各市党政要员，在“十二五”期间，以“加快转型升级，建设幸福广东”为目标，努力创造人民群众看得见、摸得着、享受得到的“幸福”。2011年是“十二五”开局之年，广东提出“十二五”规划的核心是“加快转型升级，建设幸福广东”。“幸福广东”一词由此登上了广东发展的舞台。

保证人民群众有更给力的幸福，更长久的幸福。坚持以人为本，维护社会公平正义，保护生态环境，建设宜居城乡，改善社会治安，保障人民权益，畅通诉求表达渠道，满足人民群众文化需求，从而强化转型升级的目的依归和价值导向，使转型升级成果更好地转化成人民群众福祉。全省上下一定要咬定青山不放松，通过扎实努力工作，把这一面向未来的美好愿景变成现实可及的幸福生活。

分析“幸福广东”这一概念，它的提出，宣告广东未来发展将以增强民众福祉为重，在广东“十二五”规划中“幸福广东”将成为重要的命题。为实现“幸福广东”的目标，广东将“十二五”期间GDP年均增长率预定在8%以上，这一增长率只略高于全国预期目标，低于国内很多省份的目标，也低于广东“十一五”预期目标和实际增长速度。广东省委书记汪洋如此解释：“暂时的稍慢是为了将来的更好和更快，只要经济发展方式真正转过来了，即使一段时间速度和总量被别人赶超，我们还可以东山再起，迎头赶上。”

广东宁愿放慢GDP，源于增进民生福祉的任务刻不容缓，也源于广东改革开放三十多年积累的强大经济实力。如今的广东凭实力迈入GDP超级大省俱乐部，拥有稳定而巨大的经济总量，这为“幸福广东”的重大转型奠定了基础，使广东有实力、有精力专注于民众生活、个人尊严、公民权利等方面的建设，并向建设全面小康社会再迈进一步。广东的主政者不仅提出了这一概念，而且对“幸福广东”有了更深刻的认识与建设目标。

老百姓的幸福感受此刻超越了GDP干巴巴的数字指标，成为政府头号政绩工程，成为经济社会发展的指挥棒。用汪书记的话来说，提出幸福广东是发展导向的具体化，就是要让人民群众共享改革发展成果。改革开放三十多年，广东经济发展取得举世公认的成就，然而当地方官们陶醉于高速增长的GDP时，老百姓的幸福指数并没有同步增长，诸如环境问题、治安问题、教育问题、贫富悬殊、公平正义缺失等与老百姓幸福感受密切相关的问题越来越突出。显然，以“幸福广东”作为发展目标是省委省政府总结以往经验教训、顺应广东经济社会转型、实现社会和谐的重要决策。

人们还关注，政府如何定义幸福广东，怎么样的广东才算是老百姓普遍感到幸福的广东？显然，广东的幸福社会与喜马拉雅山麓小国建立在传统田园牧歌式的生活方式，与清心寡欲的宗教情怀基础上的所谓幸福社会不可相提并论。它是我省在践行科学发展、建设文化强省实践过程中，对全面建设小康社会的超越。相对而言，小康社会更多地注重物质生活资料的发展，而幸福社会则不仅要求物质财富的宽裕，而且对生态环境、公民权益保障、社会公平正义、公共文化品供给、公民文化素质、城乡建设、创业乐生、社会管理水平等方方面面都有较高的要求。可以说，幸福社会必定是一个人与自然、人与社会、人自我身心全面和谐发展的社会。它必须建立在经济、社会、政治、文化四位一体全面发展之上。

人们更关注，政府如何化解现实生活中的诸多“不幸福”，通过何种举措创造“人民群众看得见、摸得着、享受得到的幸福”？造成老百姓幸福指数偏低的根本原因有二：一是发展模式粗放，盲目追求GDP，导致许多地

幸福时光机

[春秋]

公元前476年，山东曲阜，自耕农陈广：

这几年用上了铁犁头，还学会了用牛来耕地，收成一年比一年好啊！官府还同意我们买自己的土地了，只要每年交税就行，为了多买田地，我更有劲干活了。

方人居环境恶化；二是发展成果分配不均，少部分人及利益集团攫取了极大的发展红利，致使老百姓应得的社会公共福祉偏低甚至阙如。根本解决之道就在于“加快转型升级，建设幸福广东”，前者是手段，后者是目的。加快经济社会的转型升级，必将提升企业的自主创新能力，加快建设现代产业体系，促进内外需协调拉动经济增长，促进城乡区域协调发展，促进经济社会

广州上下九步行街人流如织（摄影：何勇当）

协调发展，夯实幸福广东的经济基础，同时强化转型升级的目的依归和价值导向，使转型升级成果有效地转化成人民群众福祉，为幸福广东给力。

具体来说，建设幸福广东就是要保障民生，改善民生，让老百姓有尊严、体面地生活；建设幸福广东就是要着力做好就业、公共教育均等化、住房保障、公共文化品供给以及提高城乡医疗卫生与社会保险水平、改善城乡人居环境等民生工程；建设幸福广东就是维护社会公平正义、保障公民权益；建设幸福广东就是要通过制定幸福指数考核指标，从制度上督促各级政

幸福时光机

[战国]

公元前223年，陕西咸阳，秦国宰相李斯：

秦国统一天下指日可待，秦王在我的辅佐之下即将一统江山。人生走到这一步，夫复何求。

府把各项幸福工程项目落到实处，并接受老百姓的监督。

建设幸福广东不仅是关系每一个广东人切身利益的最大的民生工程，而且也是提升广东文化软实力的重要战略。公民幸福感是地区（城市）软实力的综合体现，幸福指数高的城市其包容力、凝聚力、创造力、号召力也比较高，还非常有利于吸引各类人才前来创业乐生，从而带动城市综合竞争力的提升。

寻找幸福刻度：新指数体系将GDP请下“神坛”

广东省委书记汪洋在2011年年初举行的广东省委十届八次全会报告中提出，“加快转型升级，建设幸福广东”，不仅用“谋幸福”来描述“让人民群众共享改革发展成果”、改善民生的目标，而且要求研究制定幸福广东的指标体系，并转化成约束性指标，也就是要为“科学发展”寻找一种相称的新的发展评价体系，扬弃以GDP为中心的旧的评价体系。这将是中国改革自

广州塔与猎德大桥相映成趣（摄影：何勇当）

我调整和发展转型进程中一次具创新意义的重要改革试验。

●广东“十二五”期间幸福指标列入官员考核

幸福的标准是什么？在不同的区域，幸福标准也不一样。

广东在提出“建设幸福广东”目标的同时，要求各地研究和推出幸福广东的评估体系，并转化为约束性指标，分解到年度监督进行督促检查考核，衡量科学发展、建设和谐社会和建设幸福广东的成效。为新的发展模式寻找新的评价体系，并不是一件容易的事情，它是个待解的全球性课题，尚处探索阶段。此次广东提出建设幸福广东，一大突破就是要以改革排头兵的勇气，吃吃新指标体系这只“螃蟹”。

一段时间以来，各地屡“辞”以GDP为中心的评价体系而不“别”，一个重要原因就是，没有与科学发展相应的新指标体系取而代之。因此如果广东能提出具可行性、而且广受认可的新评估体系，将是对中国科学发展和转型升级的一个重要贡献。

从目前全球已有的实践来看，GNH（Gross National Happiness，国民幸福总值）体系最受关注。南亚的不丹王国首先提出GNH概念，基于本国历史文化传统建立了一套GNH指标体系，并已有近30年的实践。但其指标体系过于分散，在中国这样的大国难以操作。

不丹的这一努力影响了法国、英国等西方国家。2008年2月，法国总统萨科齐主张以“国民幸福总值”（GNH）取代“国内生产总值”（GDP），并成立经济表现和社会进步国际委员会，由两位诺贝尔经济学奖得主斯蒂格利茨和阿马蒂亚·森牵头，开始新标准的研究。最近，英国首相卡梅伦亦要求英国国家统计局提出评估国民幸福指数的方案，并开始调查，以作为英国政府制定政策的依据。不过无论英国还是法国都尚未推出成熟的方案。

目前有关幸福感的评估体系主要有三种常见的思路，一种是偏重客观基础因素，一种是偏重民众的主观评价，还有一种折中的办法，试图综合客观因素和主观评价来制定评估体系。联合国开发计划署的人类发展指数（包

[秦]
公元前221年，陕西咸阳，秦始皇嬴政：
大地在我脚下，国计掌于手中！灭除六国，统一文字，我的成就一定是空前绝后了。

括人均GDP、预期寿命、教育三项指标），以及世界银行的绿色GDP体系，是已有的超越GDP的客观指标体系。这种客观指标系统，相对容易操作和理解。而在评估系统中引入民众的主观评价，操作难度较大，对信誉度的要求颇高，但有利于扩大民众对公共事务的参与，推进民主的发展。

从广东省委十届八次全会的报告、讨论和建设幸福广东的主要举措，可以观察到幸福广东的指标体系的大致轮廓。幸福广东建设是“纲”是“里”，新指标体系是“目”是“表”，新指标体系如何确定，关键要看广东如何解析幸福广东建设的内涵和追求。

●“幸福广东”的开放性和指标体系的综合性

汪洋在此次全会报告中指出，“把为人民群众谋幸福作为各项工作的出发点和落脚点”，这里“为人民群众谋幸福”包括了“发展和改善民生”的意涵，同时还更为形象和明确地强调了精神文明、道德伦理等方面的内涵。正如汪洋在全会讨论时所说：“人民群众追求美好生活的内容形式更丰富、水准要求更高、权利诉求更强烈，追求体面、尊严和高质量生活已成为全社会的强烈呼声和价值追求。”

幸福在不同层面的含义，是一个需要重新理解和讨论的问题。在参加分组讨论时，汪洋曾在IPAD上即兴搜索“幸福”究竟有哪些含义。这是一个颇具意味的举动，作为“幸福广东”政纲的主导者，他对这一问题无疑已有长久的了解和思索，而他的搜索举动，其实是要提醒大家，“幸福”作为执政目标，是一个开放的问题，正是要通过重新理解“幸福”，重新思考人的“幸福”意味着什么，来反思以往的发展目标，更为切身地理解新的发展目标、转型升级目标和道德精神目标。

从这个意义上说，“幸福广东”具有特别的开放性，但这绝不意味着它是随意的，恰恰相反，它已经有明晰的目标体系。其中，扶贫开发、增加就业、公共教育均等化、城乡基层医疗卫生、城乡社会保险、社会救助、住房保障、改善农村生产生活条件、城乡防灾减灾和环境治理、城乡文化设施建

广州亚运会开幕之夜的烟花汇演（摄影：李卫东）

幸福时光机

[汉]

公元前119年，青藏高原祁连山，牧民张犬儿：

自从几年前卫青、霍去病两位将军把匈奴赶跑之后，我们这年年太平，牲口和百姓都可以休养生息。生产出来的东西还可以卖到西域去呢！还有从中原运来的丝绸这些高档货物，从前是一辈子都没见过啊。

设等十大民生工程就是其中的核心部分。但它的确又不局限于已有的目标体系，而是包含了不断扩展的空间，包含了不断深化的潜力。这意味着，“幸福广东”的指标体系或许将不仅包含业已确定的工作领域的考核，还会具有一定的前瞻性和理想性，即将有待发展的重点领域也列入观察和考核的范围。

“幸福广东”及其指标体系的开放性的另一表现是重视民众参与评估。汪洋提出，从今年开始，广东各市县都要在年初公布改善民生办实事的计划，年末请统计局调查队调查统计，可以考虑由群众来投票、社会来评选。“幸福广东”的评价体系一起步即纳入主观指标的可能性很大。

从目前透露的迹象来看，“幸福广东”的评估体系设计将更倾向于综合性的指标体系。它既会考虑如何评估民生工程的进展状况，从而寻找相应指标描述那些影响人民幸福感的客观基础。这一部分可以明确而简洁地扭转片面注重GDP的倾向。同时，它也可能实验性地纳入主观调查和测评的幸福指数系统。这一部分则需要在实践中加以修正，在理论上亦可以对“何谓幸福”作更深入的基础性探讨。幸福指数系统的拟定要困难得多，也没有什么成功先例可循，不过这种开创性的事业，正是改革者值得投入的事业。

“幸福广东”的指标系统是非常值得期待的新生事物。它或许会被称为“（广东）幸福指数”，而如果从实践科学发展观的角度来观察，这一新指数体系也可能被称为“科学发展指数”。

●幸福考核坐标：以目标倒逼建设“幸福广东”

当下这个阶段，“幸福”理念正为各级政府以及民众所熟悉，但一个理念要深入人心并改变人们的意识，再到最终深刻改变社会政治经济风貌，还有很长的路要走。一种新的政治理念刚刚提出来时容易调动社会情绪，但如果政治行动没有持久性和真实的影响，最终也会被人们遗忘。“幸福广东”令民众欢欣鼓舞，说明这一理念的提出恰逢其时、深入人心，也说明了全社会对执政党的诚意和政府的能力怀有正向预期。但是，这一理念欲在实践层面满足人们当初对它的预期，以“幸福”为核心概念的执政理念要真正成为成功的意识形态创新，就必须证明它的确有强大的指导力，的确能够让广东走向真正的“幸福”。万事要从口头落到实地，所有的理论都要与实践结合，幸福要落地才是真的幸福。我们无法给出建成“幸福广东”明确的时间表，因为即使是发达国家，也无法担保一定达到某个幸福度。但我们要让“幸福”成为一种整体的趋势，让争取幸福、创造幸福成为社会的主流风气。

到底如何走向幸福？首先，我们一定要不断强化“幸福本体论”。我们所有的发展，最终的目标都是要让人民过上幸福生活，让民众发自内心地感受到幸福。幸福才是一切人类行为的终点站，但现实的发展往往会异化人类行为。比如，我们发展经济是为了人们有更好的幸福生活条件，经济发展是手段和渠道，幸福才是本体，但现在很多人意识中，手段和渠道成了本体，最初的目的反倒被忽略了。现在，我们要回归“幸福本体论”，以新一轮思想解放和理论宣传影响社会各界的意识，让人们尤其是各级领导干部从旧的思维模式中解放出来。其次，当我们明确了“为人

幸福时光机

[三国]

230年，四川盆地，丝织业户兰儿：

我们蜀汉之地，丝织业最为兴旺。诸葛丞相平定后方，我们生活安宁富足。只盼平安年头长一些，我可以嫁个如意郎君。

珠江河上竞龙舟（摄影：何勇当）

民”这一本体，我们还要“敢想、会干”。只有“敢想”，我们才能有更多实现幸福的好点子、好方法；只有“会干”，这些好点子、好方法才能执行到位并且最终起作用。汪洋书记在省委全会报告中提到的“倒逼机制”就是一个典型的“会干”的例子，这也是从广州办亚运会的实践中提炼出的经验。广州市在不长的时间内推动城市整体竞争力上了一个新台阶，很重要的就是因为广州给自己明确提出“2010年一大变”，这个任务是一个压力，以一个时限倒逼进度，以一个目标倒逼责任，这样就形成了广州市政府工作的动力源。实践证明，倒逼机制比较适应当前体制，因为政府仍然是社会发展的最主要力量，但政府又先天有惰性，倒逼机制就能够形成反向压力，推动政府前进。我们可以将抽象概念的“幸福”具体化、指标化，甚至纳入政绩考核机制，让社会、媒体来监督它的完成进度。此外，汪洋书记报告中还提到几个重要的方法论，比如，集中优势兵力打“歼灭战”等。

●锁定幸福方向：加快转型升级是幸福的源泉

中央提出的“科学发展”主题、转变发展方式的思路，落实到广东“十二五”的发展，核心就是要加快转型升级，建设“幸福广东”。经过改革开放三十多年的快速发展，广东已全面进入经济社会发展转型期，传统发展模式难以为继，推进科学发展、转变经济发展方式任务艰巨、刻不容缓。与此同时，民众追求美好生活的内容形式更丰富，追求更体面、尊严和高质量的生活已成为全社会的强烈呼声和价值追求，增进民生福祉的任务同样艰巨，刻不容缓。广东省委书记汪洋表示，对广东来说，转型升级是手段，“幸福广东”是目标。两者是相辅相成的有机整体，不能割裂。

（1）转型升级与“幸福广东”相辅相成

没有转型升级，“幸福广东”就是无源之水。汪洋书记曾用“蛋糕”的比方来说明二者的关系，没有加快转型升级，蛋糕就做不大、做不好，但如果没有建设幸福广东，你的蛋糕就分不好，或者吃蛋糕的环境就不够好。没有转型升级这样的破茧成蝶过程，广东的发展就会缺乏“效率”，即使社会

庆典中的小学生（摄影：何勇当）

成为花城广场一景的广州图书馆（摄影：何勇当）

公平做得再好，仍然不会达至真的幸福。在“效率”与“公平”的辩证关系之外，我们还要理解转型升级与幸福广东之间更深层的关系，转型升级代表的不仅仅是“效率”或者“做大蛋糕”，而是“合理的效率”和“用另一种方式做大蛋糕”，发展高污染、高能耗企业也能做大蛋糕，这种蛋糕我们不要；血汗工厂也能带来“效率”，这种效率同样不能要。我们必须明白，转型升级就是要跟过去的发展方式决裂，这种决裂不是不要发展，而是要以退为进，是为了更好的发展，用汪洋书记在省委十届八次全会上的讲话来说，“暂时的稍慢是为了将来的更好和更快，只要经济发展方式真正转过来了，即使一段时间速度和总量被别人赶超，我们还可以东山再起，迎头赶上”。

很多人都有这样一种刻板思维，即将社会发展与经济发展对立起来。这

[东晋]
350年，浙江杭州，商人吴百万：
我们家族在江浙一带的开发，已经使这里成为天下最富饶之地，我家富甲天下之日快要到来了。数银子都数到手抽筋。

种思维有其现实的合理性，因为现实给人们一种强烈的印象，经济的发展必须要社会为之牺牲：一方面，环境污染严重，大量廉价劳动力付出与获得不对称，各种资源严重透支；另一方面，社会道德滑坡、人们信仰稀薄似乎也是因为经济的发展破坏了传统秩序。当这种现实强化了人们经济发展与社会发展不兼容的印象，就必然在社会上滋生出一种情绪，即将社会发展中不好的一面都归咎于经济的发展，由此有人提出反对改革，反对市场经济，甚至鼓吹国家经济重回计划经济模式。

正因如此，站在改革开放大历史叙事的高度上说，我们目前正处于一个关键节点，现在的社会已经到了一部分人在享受经济发展带来“幸福”而另一部分人在承受经济发展带来“不幸”的时候。如果要坚定不移地将改革之路走下去，就必须证明，在这个阶段我们能够将社会发展与经济发展统一起来，我们能够让经济发展，但同时环境不污染、资源高效利用、农民工不会太累、大学生容易找到工作、房价不会太高、群体事件减少、社会整体幸福指数高。只有证明了这一点，改革才能继续下去，才能澄清一部分人对经济发展的误解。实践证明，经济发展和社会发展是可以兼容的，社会发展甚至是经济发展的重大动力。这几年，我们一直在说要转型升级，可是让企业转型、让 产业升级不能“顶硬上”，不能逼着企业去转型，逼也没有用。我们要“腾笼换鸟”就必须将这个笼子洗干净，给它准备一个舒适的环境，这样，那些“金凤凰”才能飞进珠三角、飞进广东来。

“加快转型升级，建设幸福广东”，此次省委全会提出的命题里最值得仔细体味的一点，就是“转型升级”与“幸福广东”的相辅相成。人们幸福了，整个社会环境变好了，岂不是有更多精力有更愉悦的心情投入经济建设？而当广东的经济顺利走上一个新台阶，人们的生活岂不是变得更加幸福？

（2）使人民幸福是一个长期工作过程

与“一道亮丽的风景”之类风行一时的时髦用语具有本质区别的是，“幸福广东”属于指导全省整个“十二五”期间各项工作的主题词和关键词。若放眼来看，幸福作为与时俱进的概念，其与经济社会发展阶段和发展水平相适应，因而是永远无穷尽的。

广东省委书记汪洋强调，建设幸福广东不能急功近利。“过去过分追求GDP，急功近利造成了不健康的增长方式，但如果现在又过分追求让群众有幸福感，同样也会出‘幸福政绩工程’，也会出形式主义的‘幸福’。”还是回到做蛋糕的比喻，汪洋说：“做蛋糕很重要，分蛋糕也重要。蛋糕不能全部分掉，要有一部分给后来人，还有一部分卖掉，改善将来吃蛋糕的环境。我们这一代人吃蛋糕，是在马路边吃，今后吃蛋糕要到五星级酒店吃，这样幸福感才会越来越强。”

在这一片幸福之声中，我们要有清醒的认识。即便从“十二五”的核心任务来看，“建设幸福广东”也是一个长期的工作过程，不可能一蹴而就，必须避免急功近利。党中央刚刚提出构建和谐社会的时候，不少地方不是已经宣称自己那里“和谐”得很了吗？现在，“建设幸福广东”问世未几，我们又看到了类似的现象：他们那里又走在了前面，百姓已经如何如何“幸福”了，本来追求的目标忽地就变成了现实，本来的工作过程一家伙变成了工作成果，仿佛已经大功告成。更有一些调查机构，以少得可怜的样本得出貌似精确的百分比数字，匆匆忙忙地佐证当下百姓的幸福感如何良好。我们当然不能排除改革开放三十多年来经济发展带给人民群众的切身感受，但是须知，这只是建设幸福广东的起点。不错，去年广东GDP已经率先突破4万亿元大关，达到了4.5万亿元，以名副其实的第一经济大省继续领跑全国。但与第一经济大省的地位相比，广东的民生社会事业发展还有相当差距，经济社会发展不协调问题比较突出，收入分配、社会保障等领域问题还比较多，人民群众呼声和诉求也比较集中和强烈。倘若各地漠视这些社会现实，不是从根本上解决问题，而只是翻捡出自己精心营造出的一些东西来进行炫耀，“幸福广东”就很容易沦为政绩工程。

幸福的概念有丰富的内涵，涵盖物质、文化、精神多层面，既要求物质生活水平不断提高，也要求文化生活不断改善、精神诉求不断得到满足。我们

幸福时光机

[隋]

606年，丹阳郡扬州城，书生沈范：

今年朝廷增设进士科，我们这些朝中无人的平头书生，终于有机会凭自己的寒窗苦读报效国家了！我倾尽心力学习的古文经略，有了用武之地，实乃人生最乐之事。等我考取功名之日，就是赢娶李家千金之时！

修葺一新的陈家祠广场（摄影：李卫东）

在谈论建设幸福广东的时候，必须明确转型升级这一重要基础，必须明确“加快转型升级，建设幸福广东”是一个统一体，这个统一体既体现了时代要求与广东特色的统一，又体现了经济发展与社会发展、物质发展与人文发展的统一，还体现了发展路径方向与发展价值取向的统一，决不能割裂。不加快转型升级，“蛋糕”就做不大、做不好，而建设幸福广东，是把“蛋糕”分好，把吃“蛋糕”的环境营造好。也就是说，任何脱离“转型升级”而谈论的“幸福广东”，都等于把“幸福广东”构筑在“空中楼阁”上。加快转型升级作为当前全省经济工作的重中之重，在着力提升自主创新能力、加快建设现代产业体系环节，在促进内外需协调拉动经济增长、促进城乡区域协调发展、促进经济社会协调发展等方面，都还有大量艰巨的工作等在前面。

（撰稿：洪丹　资料来源：《南方日报》）

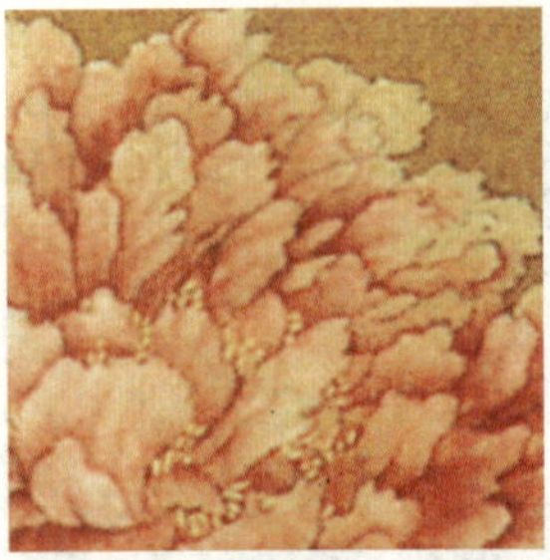

幸福是一种时光

一直以为，生活在一座城市的幸福与感动，是它的富有，它的建筑，它的历史，它的影响，它的典故，包括它非凡的人物。但当2010年亚运圣火在广州燃起，这座岭南之城，犹如木棉花开，在一夜间，绽放了它所有的魅力，给亚洲带来惊喜，让世界留下璀璨。而生活在其中的我们，也同样意识到，这座城市能够给我们带来幸福与共鸣，亲切与温暖，震撼与认同，还有那些渗透亚运期间的故事和平凡简单的百姓。

幸福时光机

[唐]

641年，西藏拉萨，藏族妇女丹珠卓玛：

听说从唐朝来了个文成公主，带来了很多叫丝绸的布料，我们很多达官贵人都穿上这种衣服了。还有很多中原的工匠跟着文成公主一起来了，我要去看看他们建大昭寺，开开眼界。

如果说幸福是一种时光，那么，对于2010年广州亚运会，每一个组成幸福时光的瞬间，都值得我们去记录。

幸福是来源于内心的安全感

幸福感，来源于内心的安全感，安全指数高，幸福指数也会提高。就亚运会来说，广州人的安全感来得格外的自信和从容。不知不觉中，亚运会和残运会就平安度过了。广州人面对着尽忠职守的警察叔叔和志愿者们的时候，内心充满理解和感恩。有着这样的市民，警察叔叔们也会感到幸福的。

广州产的牛奶是喝得最安心的，广州马路上的交通协管员是最尽责的，广州的老字号是最传统的。这些人和事，都在不知不觉中包围着每一个广州人，都在默默地创造着属于广州的安全感，润物细无声，最好的安全感应该就是这样的吧。

广州亚运城综合体育馆（摄影：何勇当）

“做好安保工作，是一种使命，更是一种责任感。”日夜守护在广州奥体中心的警察如是说。

“置身于广州这个都市，我感觉安全而踏实。” 来自新加坡的运动员竖起了大拇指。

的确，幸福，就是来源于内心的安全感。

幸福是发自内心的微笑

真挚的笑脸、热情的服务，每一届运动赛事的成功举办，都离不开那些默默奉献的志愿者，他们用真诚的笑容和热情的服务，欢迎来自四面八方的客人；他们默默地坚守自己的工作岗位，从不抱怨；他们竭尽全力，却从不

年龄悬殊但快乐如一的亚运志愿者（摄影：何勇当）

幸福时光机

[宋]
1015年，苏州农村，农民陈天佑：

今年的甘蔗又丰收了，卖了甘蔗可以买些稻米，留下的银子就可以交田租了。家里这几年又多了人口，是越过越兴旺了。

要求回报。

在广州亚运期间，穿着绿白相间或黄白相间志愿者服的志愿者随处可见。60万的志愿者队伍，承担着广州亚运会客流引导、赛场服务、新闻服务等大量的工作，他们以自己的微笑和努力，让这座城市变得更加美好和文明，也让每个人感受到快乐和真诚的微笑。

当运动员进行冲刺的时刻，场馆外面还有热心为观众引路的引导员；在大家齐声为刘翔喝彩的时候，还有背对着场地默默关注着观众的坐席服务员；在大家都散场离开后，志愿者列队站在门口挥手笑脸相送。他们，无论是城市志愿者，还是赛事志愿者，都在各自的岗位上做好服务。他们，成为了广州亚运会一道靓丽的风景线，透射出市民的参与热情、社会对志愿者服务和志愿精神的高度认可。

“你们的笑容是广州的名片！没有你们，亚运会将无法有效运转。正因为你们的辛勤工作，无私奉献和全力参与，才能确保广州亚运会的圆满成功。” 亚奥理事会主席艾哈迈德·法赫德·萨巴赫亲王高度赞扬了广州的志愿者。

“志愿服务是亚运会最成功的品牌，志愿者的微笑是广州最好的形象品牌。”广州市委副书记、市长万庆良夸奖道。

“当志愿者虽很忙很累，但被需要是一种幸福”，众多的大学生志愿者如是说。

的确，幸福，是发自内心的微笑。

幸福来源于环境的美化

亚运，不仅仅是一次体育盛事，更是一次广州古城升级的契机。大气包容，兼收并蓄，广州历久弥新的城市气质，与亚运会走过的发展之路相互印证。20年来，广州在经历了“小变”、“中变”和“大变”之后华丽蝶变，而当“大变”之际又恰逢“亚运”建设，更使广州焕然一新。地铁网线四通八达、珠江新城APM集运系统创意独特、BRT领先全国、亚运场馆宏伟先进、珠江水系日益澄澈、空气质量明显改善、绿道如带绕城、鲜花如云绽放……广州，告别了“最说不清的城市”、“中国最大的镇”的戏称，实现了“大广州中兴”。

徜徉在广州，活泼可爱的吉祥物遍布公园、主干道和城市出入口；青春靓丽的志愿者穿梭在张灯结彩的大街小巷；朝气蓬勃的运动员备战在盛装迎宾的体育场馆；城市“新客厅”——花城广场“桃红柳绿”，欢歌笑语；“小蛮腰”——广州塔婀娜多姿，直插云霄；母亲河——珠江波光粼粼，彩船如鲫；荔枝湾涌，经过大半年的揭盖复涌，整饰一新，重现岭南水乡美景的风貌，小桥、流水、西关风情建筑一起构成一幅精致典雅的园林图画。

“太漂亮了，作为一名老广州人，我感觉到特别自豪。”这是很多老广州人的真情告白。

“广州天蓝了，水清了，空气清新了，生活畅快了。”这是新广州人的夸奖。

的确，幸福来源于环境的美化。

广州，因亚运而变得美丽，那美丽，是珠江河畔璀璨的夜景，是广州塔婀娜多姿的胜景，是“一线花带、十里花堤、百道花廊、处处花境”的美景。

广州，因亚运而幸福，那幸福，是荔枝湾涌边老广州人传来的欢声笑语，是那句热情好客的“广州欢迎您”，更是“我是广州人”的自豪和自信。

圣火虽熄，梦想依燃，幸福时光，将延续下去。后亚运时期的广州，从梦想奔向新的梦想，从激情奔向新的激情，站在新的起跑线上，让亚运的热情，持续点亮生活，延续幸福的每一分每一秒。

（撰稿：翁小筑）

幸福时光机

[元]

1316年，北京，商人呼延廷：

生意现在是越来越好做了，把棉花、陶瓷卖给关外，再把马匹、奶酪卖给中原，经商就是要趁着这个好年头啊。而且用上了纸币，做生意是方便多了，希望越赚越多，哈哈！

广州珠江新城的建筑群（摄影：何勇当）

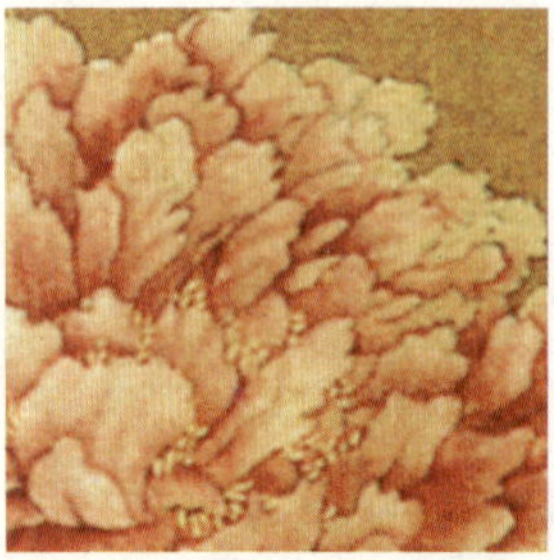

编织幸福之网，乘搭幸福快线

改革开放成就，珠三角无疑是一马当先。然而，在三十多年的高速工业化、城镇化进程中，珠三角地区也遇到影响区域可持续发展的瓶颈，如人口高度集中、土地开发强度大、人居环境迫切需要提高、区域化差异逐步拉大、区域经济发展不均衡、城乡间壁垒高筑等。基于破解珠三角面临的发展难题，适应珠三角发展阶段和转变发展方式的要求，广东开始踌躇满志地编织自己的幸福之网，让民众在网内幸福徜徉。

广东绿道网释放幸福效应

2011年1月5日，全长2372公里的广东省珠三角绿道网全线贯通。脚踏单车游南粤、围绕绿道安排双休日、依托绿色引资招商，不仅成为珠三角众多干部群众的生活常态，更牵动了广东城乡一体化建设。广东在推动科学发展中精心打造的“绿道网”，正在引领岭南大地开启幸福之门。

●绿色是生活方式，绿道成休闲之道

绿道指的是以绿色理论为指导，以人行道、自行车道为纽带，集山边、路边、河边、居民楼边等环境整治、城乡统筹于一体，并与完善的旅游观

幸福时光机

[明]

1407年，江苏南京，太子少傅姚广孝：

耗时两年，动用了二千多人编写的《永乐大典》终于得到皇上的认可，我这一生最伟大的成就终于告一段落了。有这样的巨著流传身后，是我最大的荣耀啊！

广州二沙岛绿道（摄影：何勇当）

光系统、文化生态休闲系统相配套的综合系统工程。人们在广州、深圳、佛山、肇庆等绿道建设先行市欣喜地发现，广东的绿道网建设基本涵盖了各地市境内主要的河浜、溪谷、山脊、风景道路、铁路、沟渠等自然和人工廊道，均有供游人和骑车者进入的景观线路，并连接起主要的公路、自然保护区、风景名胜区、历史古迹和城乡居民区。

2010年初，广东省委、省政府作出战略决策，决定从2010年起用三年左右时间，在珠三角地区建设绿道网，要求“一年基本建成，两年全部到位，三年成熟完善”。

漫步在广州国际生物岛，珠江之水缓缓流淌，环绕全岛的堤岸绿道总长约6.6公里。一群年轻人骑单车而过，一边健身一边亲近自然。不远处是水墨园驿站，这里为游人准备了手机充电等服务，骑累了可以在茶馆里泡上一壶茶，聆听古筝之音。

广东绿道犹如条条彩缎，贯穿南北，环山绕水，成为岭南大地新品牌。广州市在绿道沿线设立的99个驿站，均配置了休憩、补给等设施，部分增设了手机充电、便民信息终端等设备。

●绿色是产业模式，绿道成富民之道

绿道串起了珠三角，整合打通了各类特色的旅游点，引来了人流。绿道成了富民之道。绿道沿线百姓嗅出了商机，将产业建在了绿道上。统一规划建设的旅游商店、特色小店、农家乐等配套设施，宛如绿道上一颗颗散落的珍珠。

在风景如画的广州增城市北部山区小楼镇是一个贫困镇，绿道延伸到这

广州市区内的茵茵绿道（摄影：李卫东）

幸福时光机

[清]

1760年，北京，市场屠户鲁三：

这些年买肉的人多了，市场上的人也越来越多，我都不愁没生意做。今天那只猪一过晌午就卖完了，幸亏我还留了一块给赵府的丫头。

里，让当地群众看到了致富的新希望。在小楼镇西境村，这里从人均收入1600元到成为“万元户”，实现了一个贫困村到“生态旅游村”的华丽转身。

目前，村里一座四星级的休闲酒店正在建设，后山修起栈道，不少外地游客周末到这里“回归自然”，同时也带动起当地村民“农家乐”的发展。村民赖锦霞说，她的农家乐菜馆一个中午就接待来自深圳、香港的5个旅游团的四百多位客人，生意太红火了。

●绿色是价值追求，释放四大幸福效应

2011年元旦，广州会展公园内，络绎不绝的市民争相在绿道“留言板”上写体验：“绿道把城乡变成大花园、大公园，生活将更加美好”，“漫步绿道，幸福人生”……

中共中央政治局委员、广东省委书记汪洋指出，借鉴国际先进经验，规划建设珠三角绿道网是一项“功在当代，利在千秋”的举措，无论是对于促进珠三角区域经济一体化、提高宜居宜业水平，还是对于扩大投资、促进消费，都具有重要的作用。广东绿道网成为受欢迎的惠民工程，主要是给城乡老百姓释放了四大幸福效应：一是“以人为本”写在大地上；二是创新发展模式；三是催化休闲社会；四是统筹城乡发展。

如今，有“世界工厂”之称的珠三角城市群处处交织着生意盎然、宁静宜人的绿色地带。倡导绿色出行、低碳生活的价值追求日益深入人心，推动科学发展、打造幸福广东的新征程正从绿道开始一路往前延伸。

●绿道网建设标志珠三角迈入更高发展水平

一年来，在民间舆论中，珠三角绿道网的建设是广东取得的重大成果之一，无论是到广东旅游的外地人还是生于斯长于斯的本地人都对绿道网赞不绝口。从民生上说，老百姓的生活质量因为绿道网而得到极大提升。出门上班更加方便了，旅游的去处更多了，节假日到郊区绿道骑车游玩已经成为城市居民的新时尚。在东莞、增城等绿道建设示范地区，就几乎每个周末都有大量城市居民在绿道上游玩。由于大部分绿道不仅仅只在郊区，甚至建设深入到村镇，珠三角的农村便从灰暗的城市边缘凸现出来，成为亮丽风景。从经济上说，绿道网的建设让原本经济就很发达的珠三角联系得更加紧密，因为环境变好了，优秀企业就更愿意前来落户，而绿道上的各项服务措施也能提供大量就业机会，最直接给居民带来的经济好处则是旅游收入，增城市2009年旅游收入同比增长达到128%，与绿道网有直接的联系。

取得这样的成果要归功于省委、省政府的远见卓识，汪洋书记一直把绿道网建设看得很重，甚至把绿道网的建设摆在与城轨建设同等重要的位置。在绿道网建设初期，也曾有人提出异议，认为政府没有必要花费这么多的人力财力，因为不仅不能带来直接好处，而且在某些地区相对还比较落后的情况下大建绿道似乎过于浪费。这个观点在经济发展初期有其道理，但当经济发展到一定阶段，基础建设可能成为经济继续发展的瓶颈。这几年，很多地方政府看到了这一点，但是即使意识到基础建设的重要性，多数地方也只把眼光放在高速公路、高铁、城轨、地铁上，往往忽视了绿道网建设。高铁、高速公路等在经济发展初期固然能迅速带来好处，但盲目发展也容易导致经济速度跟不上。绿道网的建设则不同，它看上去不能直接带来经济好处，但能提升一个城市乃至一个地区的整体价值，无论是投资价值、旅游价值还是人文价值。事实上，西方发展史已经证明了经济发展到一定阶段绿道网建设的必要性，在他们那里，衔接工业区与城区、农业区的绿道网比比皆是，

幸福时光机

[新中国]

1949年10月1日 北京甜水井胡同 纺织厂工人沈大嫂：

今天中国人民站起来了！虽然隔着老远，看不清毛主席的样子，可他老人家在天安门上说的话我每一句都听见了，都记住了，全国人民的好日子就要来啦！

著名的德国鲁尔工业区绿道就是一个成功例子。这些绿道网是现代社会的标志，交通不再是纯粹的交通，而是兼具多种功能，只要珠三角绿道网能如期如愿地建成，就标志着珠三角迈上了一个代表更高发展水平的新台阶。

珠三角绿道网的建设其实给我们提供了一个审视科学发展观以及《珠三角改革发展规划纲要》的新视角。到底什么是发展，经济怎样才能上一个新台阶？在经济发展的初期，经济的发展和社会的发展、民生质量的提高是冲突的，要想提高经济水平，似乎只能牺牲环境，寻找更多廉价劳动力，建设更多的高污染、高能耗企业，这样看似能带来一点GDP，带来一些就业，但实际上牺牲太多其他东西。我们现在已经到了一个新的发展阶段，社会发展、环境变好和经济发展并不冲突，要发展好经济就必须完善社会机理，提高人民生活水平，提升城市人文品位。绿道网就是一个典型的例子，它不仅让人们生活更舒适，社会发展更好，同时也带来了经济的发展，提升了珠三角的整体竞争力，这个共赢模式，值得鼓励，也值得效仿。

（撰稿：洪丹　资料来源：《南方日报》）

广州东濠涌改造后成为市民观光点（摄影：何勇当）

广深铁路的和谐号列车

城际快线：打造幸福“一小时生活圈”

“轨道交通”是近几年来珠三角交通路网建设的关键词。广东出台了《珠三角地区轨道交通同城化规划方案初步构想》，编制了珠三角城际轨道交通网络规划，新方案已于2009年9月获得国家发改委批准，从而使广东城际快线建设进入了新时代。

珠三角是中国经济最发达的地区，城市群密集，人口密度高，交通出行强度大，但是轨道交通建设明显滞后经济社会发展需要。目前省内铁路营运里程在全国排第19位，轨道交通出行量仅占全社会的3.1%。加快珠三角城

幸福时光机

[新中国]

1979年　湖南湘潭　国营商店售货员李大麦：

自打去年开了十一届三中全会，商店里的东西时髦多了。新来的那台“前进”牌音响，插个磁带进去，一头响音乐一头还亮灯呢，又红又绿的闪得眼睛都花了，可我就是喜欢盯着它瞧，明年我也弄一台回家。

际轨道交通建设，可以发挥轨道交通运能大、能耗低、占地少、污染轻的优势，带动先进制造业、现代服务业和战略性新兴产业发展，推动绿色低碳发展，提高资源节约集约利用水平，为加快转型升级创造有利条件；可以缓解珠三角核心区高速公路密度偏高的矛盾，解决一些高速公路"低速"行驶和城市拥堵的问题，方便群众快速、舒适、安全出行，打造“一小时经济圈”和“优质生活圈”，提升珠三角城市间的通达性，方便人员和资源自由流动，拓展区域发展空间，优化珠三角资源配置和生产力布局，增强珠三角城市间“同城化”效应，加快珠三角一体化步伐，为加快转型升级、建设幸福广东提供有力支撑。

●城际快线：珠三角轻轨交通迎来新时代

广东在全国率先改革开放，巨大的工业化浪潮迎来了全国各地的商务和务工人流，尤其是经济特区深圳的崛起，使广州和深圳之间出现了号称全球最大的日均城际人流量。正是在这种背景下，广深城际快线应运而生。

广深城际铁路，是中国第一条实现完全“公交化”且时速为200公里的城际快线。这条147公里的铁路，将珠三角人口最多的4座城市——广州、东莞、深圳和香港连为一体。这个经济圈里的三千多万人的生活方式因此而改变。2001年，广深铁路推出了铁路“公交化”旅客运输模式。广州至深圳每天开行104对旅客列车，其中每15分钟一班的城际特快列车达到64对，全年旅客发送人数突破3000万人，广深线以中国第一条城际客运专线见证了珠三角的繁荣和辉煌。

根据规划，珠三角地区将形成“三环八射”的轨道交通网络构架，规划建设的城际轨道交通线路共有23条，线网总长约1890公里，线网密度约为4.8公里/百平方公里。如果加上各个城市的轨道交通、普通铁路等，珠三角的轨道交通网络密度将达到12.2公里/百平方公里。接近巴黎都市圈13.4公里/百平方公里的水平，与东京都市圈和伦敦都市圈相当。

规划中的“三环八射”的轨道交通网络构架，总投资3700亿元，分近

期、中期、远期三个阶段进行建设，计划2020年初步建成。规划的城际轨道交通线网基本覆盖珠三角所有县级以上城市，连通了广深、广珠、广肇和广惠等城镇带。珠三角轨道交通网建设完成后，以广州为中心，1小时内珠三角地区9个城市可以互相通达，形成真正意义上的“一小时生活圈”。同时珠三角轨道交通远期还将向粤东、粤西、粤北延伸。

●轻轨经济：珠三角城际快线为经济提速

如果说，高速公路是适应工业化初中期工业扩张带来的巨大商流物流需求而应运而生的话，那么，城际快线则是后工业文明、新城市运动和经济一体化的必然产物。同时，它也是一个区域内经济活跃、市场繁荣、实力强大的象征。当前世界上最发达的经济圈和城市群，无一例外，都由轻轨作为基础交通网络将它们融为一体。

珠三角城际轨道快线网络的规划和建设，并与城市轨道、公路、高铁、普铁、民航及城市交通的互连互通紧密衔接，将区域内的主要机场、火车站、汽车站等交通枢纽连为一体，从而实现一场史无前例的交通革命，并以快速、经济、便捷、规模等效应对整个经济社会产生巨大的影响。

首先，推动区域经济现代化进程。从伦敦、巴黎、纽约、东京等几大都市圈看，轨道交通将带动沿线区域经济发展。比如日本东京都市圈，通过完善的轨道交通网，不仅解决了交通拥挤的问题（90%以上的出行者使用轨道交通），而且带动了铁路沿线的住宅开发、服务业、高新科技等产业的发展，形成了众多各具特色的新城，并促进了多中心城镇空间体系的发展。轨道交通建设从规划、设计、施工到运营，涉及建筑业、制造业及管理的所有

幸福时光机

[新中国]

1997年 广东广州　中学生唐华：

广州也有地铁啦！正好从我家直通学校，以后上学不怕迟到了，不会堵车又没废气，我最喜欢这么环保的东西了。以后逛街、吃饭就往地底下一钻，地铁通到哪儿我就去到哪儿，不知道我长大以后，这可爱的地铁会带我到什么地方呢？

领域，城市轨道交通技术的发展，不仅可推动我国建筑业、制造业的发展，更可带动城市的发展。例如，以珠三角为例，预计轨道交通网总投资规模将达3700多亿元，能够带动钢铁和水泥等建材产业产值超过1000亿元，装备制造业超过600亿元，从而成为广东“扩大内需”的一项重大战略选择，它不仅有利于区域内投资结构的优化和产业结构的升级转型，而且将成为工业化后期经济成长和现代化进程的重要推动力。

其次，加速区域经济一体化进程。经济一体化的基础是交通一体化。交通一体化将直接促进区域内客流、商流和物流的高效流动，出现巨大的“同城化”效应。它将大大缩小珠三角城市间的时空距离，使各个城市间的商品、资本、劳动力以及生产要素流动更加高效便捷，实现每年四千多万游客和五千多万购物客流的共享，增强城市商圈的辐射半径，促进各个城市之间能够进一步

新生活从广州南站出发（摄影：何勇当）

明确分工和错位发展，形成各有特色、优势互补的一体化产业体系，进而大大提高区域内资源利用效率和竞争优势，增强对大西南、东南亚以及世界其他地区的市场影响力，例如，通过与贵广高铁、桂广高铁对接，将辐射至大西南地区；而与武广高铁对接，将辐射中南地区；与沿海高铁对接，将辐射东南地区。

再次，促进区域经济均衡发展。珠三角城际快线的建设，将会产生新一轮“集聚效应”和“扩散效应”的重新组合，它不仅促进粤港澳构成的“大珠三角”经济社会融合，而且有利于珠三角与粤东、粤西和粤北构成的“环珠三角”地区的融合。据悉，在与省内其他地区的衔接方面，珠三角城际轨道交通与粤东地区的连接是由惠阳—惠东和惠城—惠东城际轨道向东延伸至汕尾，至汕尾后继续向东至潮汕都市区；与粤西地区的连接是由江门—开平—恩平（台山）城际轨道向西延伸至粤西地区；与粤北地区的连接是由广州—清远城际轨道向北延伸至韶关；与河源的连接是由广州—惠州（河源）城际向北延伸至河源；与云浮的连接是由佛山—肇庆（云浮）城际轨道向西延伸至云浮。预计这一目标在30年内实现，届时，整个广东将成为两小时经济圈，整个区域失衡的格局将得到根本性改善。

最后，提升区域经济竞争力。珠三角城镇群以及粤东粤西都市区与日本的情况相似，土地资源短缺，人口高度密集，发展轨道交通既可以缓解交通拥挤，可以实现集约发展，促进产业升级，而且可以缓解环境污染、资源短缺、交通拥挤等因素珠三角持续快速发展的制约，对于节能减排、防止污染、引导土地集约利用方面发挥着重要作用。此外，由于快捷便利的城际交通轨道，近几年来越来越多港商在广州或深圳大规模投资，加之香港制造业和服务业北移，香港居民大量购买深圳和广州房地产，同时，香港良好的学习工作环境和更加国际化的视野，也有利于广东人前去“取经”。无疑，这些变化将直接促进珠三角在未来区域竞争力的提升。

●优质生活圈：改变人们的工作和生活方式

轻轨网络必然产生“同城化”效应。从长远来看，轻轨沿线及周边将会

幸福时光机

[新中国]

2010年 广西阳朔 背包客陈大卫：

好球！今年的工作特别顺利，所以专门请了假到阳朔来看南非世界杯。国家形势好不好我说了不算，可我和身边的人的生活确实越过越好了，你看，如果生活过得不红火，看球的大哥大姐们哪能笑得那么开心，叫得那么爽快啊！

形成一个个集休闲、娱乐、文化、艺术等于一体的新型商业区和新社区，人们的生活和工作方式也将因为轻轨网的出现而发生巨大改变。

首先，“一小时工作圈”的打造，将从根本上改变目前的工作地与居住地合二为一的理念，从而对人们的择业选择、就业模式产生巨大影响。甲地居住，乙地工作，丙地消费将成为普遍现象。例如，随着列车开行越来越“公交化”，行车时间不断地缩短，穗深港三地的交叉就业状态将会大大增加。据统计，每天大约有7万～10万人往返于广深城际铁路上，除了上班族外，还吸引相当比例的商务人群，频繁地穿梭在广东与香港之间，深度享受轨道交通的便利化。

其次，人们的生活方式将出现“轻轨化效应”。对于轨道交通覆盖区内的居民而言，将有利于打造一体化的“优质生活圈”。比如珠海可以直接接受广州服务业的辐射，这让在珠海生活的人们生活方式将迈向一个更高的层次。周末休闲的范围也将放大到珠三角各个角落。正在规划港深穗的高速铁路，香港方面已经动工，预计2011年左右开通。广深港高铁时速200公里，由香港到广州只需48分钟，较现时直通车快一倍，从而也使香港人与珠三角人的生活更加趋于“同步化”。

最后，轻轨将改变人们的生活节奏和模式。交通模式在某种程度上决定着居民的生活方式。交通覆盖区居民的工作和生活空间距离扩大，人们能够更自由选择心仪的生活空间，在一城工作而在另一城居住、学习的人数增加，直接导致人们日均出行的次数更加频繁，人们交往的次数和见面的次数也会相应地增加，人们交往的半径会随之扩大，尤其会增加周末旅游度假以及城市间的商务往来。此外，它还会减少居民对小汽车的依赖，自觉选择公交出行。

总之，后工业文明呼唤“轻轨时代”，而轻轨网络的建设，将使经济社会发展和人们的工作生活方式都出现巨大变化。我们期待着，就像雄鸡期待黎明！

（撰稿：王先庆　洪丹）

重在全面理解　贵在持之以恒
——再谈“加快转型升级、建设幸福广东”

汪　洋

省委十届八次全会提出“加快转型升级、建设幸福广东”这一核心任务后，全省上下反响十分热烈。这表明，“加快转型升级、建设幸福广东”充分反映了民意，形成了社会共识，为推进全省各项工作奠定了重要基础。但是，有些同志光谈“建设幸福广东”，忽视“加快转型升级”，对什么是“幸福广东”，如何建设“幸福广东”见仁见智，莫衷一是，特别是担心“建设幸福广东”得不到落实，幸福是“画饼充饥”。我认为，要准确把握“加快转型升级、建设幸福广东”这一核心任务的本质和内在要求，在认识上重在全面理解，在实践上贵在持之以恒，这样，才能把这一美好愿景变成看得见、摸得着的现实幸福生活。

一、“加快转型升级、建设幸福广东”是一个统一体，不能割裂

加快转型升级是手段，建设幸福广东是目的。这是一个统一的整体，不能割裂，尤其不能把手段当做目的。正如发展经济一样，发展经济是手段，其目的是为了提高人民群众的生活水平，让人民群众得到幸福。但现在有一些干部忘记了发展的本来目的，为了发展而发展，这样容易造成经济总量上去了，而人民群众却感到不幸福。比如苏联就是将发展手段变成发展目的的典型，发展生产力的目的不是提高人民群众的生活水平，体现社会主义制度的优越性，而是与美国进行军备竞赛，“要大炮不要黄油”，国防工业虽然非常发达，但是日用品匮乏，民生得不到保障，成为后来失去人民群众支持的重要原因之一。上世纪七十年代末，党中央提出要把全党工作的着重点转移到经济建设上来，目的也是要让人民群众过上幸福的生活。这一战略转移顺应历史发展规律，符合人民群众的迫切要求，得到全党、全国各族人民的衷心拥护。现在我们提出“加快转型升级、建设幸福广东”这一核心任务，就是要明确经济发展的出发点和落脚点是让人民群众得到幸福，自然引起全社会广泛关注，人民群众也是十分拥护和支持的。

要正确理解“加快转型升级、建设幸福广东”这一核心任务，就要准确把握手段与目的之间的关系。我们打个比方，就是“做蛋糕”与“分蛋糕”的关系。如果说“建设幸福广东”是“分蛋糕”的话，“加快转型升级”就是“做蛋糕”，就是奠定“建设幸福广东”的物质基础。没有加快转型升级，“蛋糕”就做不大，做不好。我们过去谈经济发展，常常强调做大“蛋糕”，很少考虑做好“蛋糕”，不注意提高“蛋糕”的质量，降低做“蛋糕”的经济成本和社会成本。现在我们讲转型升级，就是要以尽可能低的成本去做高质量的“蛋糕”，只有“蛋糕”又好又大，“建设幸福广东”才有良好的物质基础。要特别注意防止一种倾向，就是大家的注意力都集中在“分蛋糕”上，而忽视了“做好蛋糕”。因此，我们不能片面理解“加快转型升级、建设幸福广东”，如果只强调“建设幸福广东”而不注意如何“加快转型升级”，“十二五”规划的目标任务就不可能实现，“建设幸福广东”也就成了无源之水，无本之木。总之，要把“加快转型升级、建设幸福广东”体现在推动科学发展、促进社会和谐的进程之中，通过转型升级为实现科学发展和社会和谐奠定良好基础，从而达到为人民谋幸福之目的。

二、“幸福广东”包含着物质、文化、政治等多方面的丰富内涵，不能偏颇

幸福是人们对生活的追求和感受，其内涵是很丰富的，既涵盖物质生活，也涵盖文化生活，以及社会生活和政治生活。幸福虽然是主观感受，但并不是空中幻影，而是有其实实在在的物质依托的。首先，应是物质生活水平的不断提高。有的国家物质条件极端匮乏，而且大搞领袖崇拜和愚民教育，虽然人民可能所谓的幸福感很强，但那不是现代文明意义上的幸福。其次，文化生活也要不断地改善。早在中共八大召开的时候，党中央就提出社会主义生产的根本目的是不断满足人民群众日益增长的物质和文化需求。人与动物最重要的区别就是人有文化需求，丰富的文化生活是建设幸福广东的重要方面。再次，社会生活方面的诉求也必须不断满足。人民群众要参与社会活动，要求有知情权、参与权、表达权、监督权，要求公平正义。现在群众的生活普遍改善，但由于部分社会成员是通过不正当手段非法牟利，人民群众依然会不满意，会认为不公平，幸福感依然不会很高。

既然“建设幸福广东”的内涵是极其丰富的，那么我们就必须全面理解，而不能孤立强调某个方面。如果过分强调幸福要有物质财富，或者过分强调幸福是主观感受，都容易出现问题。过去我们在改善物质条件方面强调得比较多，结果人民群众收入增加了，但是幸福感并没有同步增加。现在要防止走向另一个极端，过分强调幸福是主观感受，将会忽视整个社会生产力的发展，这样的幸福没有物质基础作为保障，也是容易出现问题的。我们强调幸福的内涵丰富，并不意味着没有标准，幸福不是一个箩筐，什么东西都可以往里面装。总之，要全面理解和准确把握幸福的内涵，才能保证“建设幸福广东”政策和措施的科学性和针对性，才能实现幸福生活的蓝图。

三、“加快转型升级、建设幸福广东”是一个长期的过程，不能一蹴而就

首先，加快转型升级需要付出长期艰辛的努力。这几年我们一直在抓转型升级，但是不愿转、不会转，制度制约不能转的情况还不同程度存在。转型升级的障碍，有观念的问题，有资金的问题，有技术的问题，有领导干部能力水平的问题，也有路径选择和政策设计的问题，等等。特别是转型升级的过程本身就是调整利益格局的过程。比如，近期我们宣布调整最低工资标准，在去年上涨21.1%的基础上，今年又提高18.6%，这是加快转型升级的具体举措。上调最低工资标准增加职工收入一方面可以改革收入分配格局，另一方面有利于形成倒逼机制促使劳动密集型企业提高技术水平和竞争力。如果没有外在的压力，满足于使用廉价劳动力，就没有投资更新机器设备，提高技术水平的动力。但是提高最低工资标准意味着减少企业当前的利润，就会遇到部分企业抵触的阻力。其实，从长远来看，这一举措对企业是有益的。如果不这样做，我省企业将面临“用工荒”的问题。此外，广东劳动密集型产业规模较大，3000多万外来务工人员主要从事劳动密集型产业，推进产业升级的困难可想而知。要在广东实现转型升级任务重、难度大，需要付出长期的努力。

其次，建设幸福广东是一个与时俱进的过程。幸福是与经济社会发展阶段和发展水平相适应的，随着经济社会的不断发展，幸福的标准也会不断变化，因而幸福是永远无穷尽的。比如，解放初期有饭吃就觉得幸福，改革开放初期有钱花就觉得幸福。进入新世纪，幸福的标准也提高了，不光是有饭吃和有钱花就可以了，人民群众的诉求也不断增多。而且，我们现正处于建设幸福广东的新起点。虽然经过30多年的改革开放，广东以经济总量第一领跑全国，经济发展也带给人民群众很多实惠，但是与第一经济大省的地位相比，广东的民生社会事业发展还有比较大的差距，经济社会发展不协调问题比较突出，城乡差距比较大，收入分配、社会保障、卫生、教育等领域问题还比较多，建设幸福广东的任务还比较艰巨，需要与时俱进地不断推进方能实现。另外，制定“幸福广东”的评价指标体系也是一个与时俱进的过程。对于这个指标体系，现在是仁者见仁，智者见智。大家的认识不是一下子可以统一的，也不能一下子就拿出一个人人都满意的指标体系。这个评价体系只能是通过实践深化认识，统一认识，不断修改完善。

再次，建设幸福广东是一个共建共享的过程。广大人民群众是建设幸福广东的主体，要动员全社会共同参与，用劳动共同创造幸福美好生活。曾有一歌词说“幸福不是毛毛雨，不会自己从天上掉下来”。真正的幸福掌握在自己手中，如果大家都将建设幸福广东当成是党委、政府的事情，光是在等待享受幸福而不付出智慧和汗水，那幸福是不可能实现的。建设幸福广东应该是“共建共享”，“人人是创造幸福的主体，个个是享受幸福的对象”，“我为别人的幸福努力工作，别人为我的幸福创造条件”，这样方能“众手浇开幸福花”。

四、“建设幸福广东”要考虑当前又兼顾长远，不能搞成片面的政绩工程

建设幸福广东，最重要的就是不能急功近利，不能不顾客观规律，追求贴幸福标签的政绩工程。过去过分强调追求生产总值GDP增长，形成了不健康的增长方式，如果现在过分追求让人民群众有幸福感，同样容易出现“幸福”政绩工程，获得形式主义的“幸福”，甚至可能会形成不可持续的“幸福”。如果领导干部在任期内，不注意人民群众长久的根本利益，寅吃卯粮，花钱让大家“幸福”，任期结束以后留下一堆“账单”，这种幸福也是不可持续的。这些方面在国际上是有教训的，比如西方一些国家在增加公共福利方面，因处理不当出现许多问题。奥巴马改革医疗福利制度，欧洲一些国家进行社会福利制度改革，就是因为高福利必须依靠高税收来支持，税负过重影响了国家竞争力，整个社会不堪重负，难以持续。因此，我们要总结经验教训，在发展的某个阶段给人民群众相适应的幸福感，既考虑当前的幸福，又考虑可持续的幸福，这才是正确的建设幸福广东之路。如果不考虑将来和后续的发展，可能会导致当代人受益，后代人遭罪。我们要防止在过去片面追求生产总值增长上出现的问题，在追求幸福的过程中重演。“做蛋糕”很重要，“分蛋糕”也很重要，“分蛋糕”不能将蛋糕全分掉，还要考虑留一些给子孙后代，创造更好的发展基础和条件。

总之，“加快转型升级、建设幸福广东”目标已经明确，但要把这一面向未来的美好愿景变成现实，还需付出长期而艰辛的努力，关键是持之以恒地干。我们要为“加快转型升级、建设幸福广东”努力工作，为当好推动科学发展、促进社会和谐排头兵作出新的更大的贡献。

“幸福广东”专家谈：

范英（广东省社会学学会、广东省精神文明学会会长，研究员）：

要逐步兑现“幸福广东”的口号，就一定要做好如下六大方面的强化。

一、在加快转型升级中强化物质文明建设。

二、在加快转型升级中强化精神文明建设。

三、在加快转型升级中强化政治文明建设。

四、在加快转型升级中强化法制文明建设。

五、在加快转型升级中强化生态文明建设。

六、在加快转型升级中强化人种文明建设。

刘卓红（广东省精神文明学会副会长，教授）：

按我的理解，在省委报告中，最给力的理论亮点就是：第一次在广东未来的建设和发展目标上提出了幸福的发展理念。这是一种以实现民生福祉为价值导向的发展价值观，是对科学发展观中的以人为本的起点和归宿点赋予了最真实和丰富的内容的体现，是广东今后发展目标的准确定位。

谢建社（广东省社会学学会副秘书长，教授）：

幸福是人们对工作和生活满意程度的一种主观感受，是一种精神上的愉悦。衡量这种感受的主观指标是幸福指数，它主要包含三方面内容：一是人们对工作总体的满意感；二是人们所体验到的快乐感；三是人们由于潜能实现而获得的价值感。加强社会服务工作是给力幸福的重要一环。

顾涧清（广东省社会学学会、广东省精神文明学会副会长，研究员）：

创造幸福，享受尊严。衡量未来城市发展水平的标尺，就是要看生活在这座城市的人们幸福感高不高。而幸福感有从日常生活中来，从衣食住行的具体事情中来。我们不仅要住有所居、居有所安，还要安有所乐、乐有所享。共享和谐，追求幸福，应该是我们建设幸福城市、幸福广东的出发点和落脚点。

任剑涛（中国人民大学教授）：

对于建设幸福广东这个命题，可以从三个端口来理解：从经济基础的端口来看，就是要推动经济加快转型升级的步伐；从上层建筑的端口来看，就是要引入人民群众的主观幸福感受来对各地党委、政府的工作作出评价；从发展模式的端口来看，就是要在改革开放三十多年的基础上、物质日益丰富的条件下，让发展的目标回归到人本身，解决人的全面发展问题。

思考（摄影：何勇当）

幸福访谈

□ 幸福不能像筐儿一样，什么都往里面装。幸福要统筹兼顾，尽力而为。什么都解决不可能，每个人都有诉求，我们的工作就是为解决这些诉求去奋斗。要解决那些有能力解决的、涉及人数最多的。

李育中
1911年生于香港，祖籍广东新会，
著名文学家、翻译家、教育家，
华南师范大学教授

百岁学者李育中：
我的幸福我作主

华南师范大学中文系李育中教授今年101岁了。前些日子，李老师胸部积液，老人颇难受，不免有些悲观，以为兔年春节该在医院度过了。幸赖医生妙手回春，李老师很快痊愈。入室弟子陈少华老师（华师大文学院院长）给老师拜年，李老师豪情满怀，声称可活130岁！

李育中老师是华师大一宝，高寿而康健。去年华师大特为李老师举行百岁寿诞庆典，在穗诸多媒体都予以报道。华师大有很多李老师的故事，都特别有意思，有些甚至已接近传奇。有人说李老师家门口那棵树长得特别好，这是李老师长寿的吉兆。粤教版高中语文主编陈佳民老师则说李老师个头矮小，心脏到头脑的距离短，所以长寿。据耳闻目睹，我以为李老师的健康长寿与他的心态大有关系。大约十年前，我在广东的一次鲁迅文学研讨会上得见李老师真容。他是与会老者中最老的老学者。我眼中的李老师是一个平常的老人，很矮小的一个老人。然而他一开口发言，却把我吓了一跳——他说我给大家介绍几本新书吧。然后一口气推荐了5本新书，我以一个出版人一个书虫的名义保证，那些书都是刚刚出版还不为人所熟知的最新图书。李老师那年91岁！

说一个听到的故事。每每想起这个故事，我总想起金庸笔下的老顽童周

幸福调查

湛江的经济还不是很发达，但是湛江人拥有一处很多地方享受不到的幸福源泉，那就是清新的空气。根据2010年市环保局监控的资料显示，其空气指数达到优级的天数占97%，为近十年来最佳水平。

伯通。

有一次聊天，李老师突然问："少华，你喜欢哪位明星啊？"

"叶倩文吧。"

"老土！起码都张柏芝啦，还叶倩文！"

那时张柏芝正是当红"炸子鸡"，还没当妈呢！

历年来，华师大中文系都派在校学生每周轮流给李老师买菜。李老师通过和他们闲聊，居然对系里年轻教师受学生欢迎程度了如指掌。据说，李老师每周还与朋友喝茶聊天，难怪李老师是一个当之无愧的消息灵通人士呢！

前年秋天，70岁的陈佳民老师对我说，他受邀陪几个老头到新会观光。我一听就笑对陈老师说："您自己不就是个老头吗？"

陈老师说那一队人里数他最年轻，其他都八九十岁了，其中最老的老头就是李育中老师，99岁的李育中老师！

（撰稿：黄红丽）

钟南山

1936年出身于医学世家。中国工程院院士，中华医学会会长，中国治疗呼吸系统疾病的领军人物

健康卫士钟南山：
健康就是幸福

今年已75岁的钟南山依然风度翩翩、健步如飞，不仅拥有结实的肌肉，而且思维敏捷、精力过人。是什么养生秘诀使他拥有如此令人羡慕的精力和体力？

“现在大家都在讲幸福。什么是幸福？我认为健康就是幸福！幸福广东就是健康广东。”钟南山院士一开始就提出了自己对幸福的理解。

“有了健康并不等于有了一切，没有健康就等于没有了一切。”

“健康第一是要活得长，第二是要活得好。你活得长不长，你活得质量高不高，很大程度取决于你自己对健康的看法，以及你自己生活的方式。”研究表明，人的健康取决于几个因素，一是内因，二是外因。其中遗传占15%，社会环境占10%。最重要的是生活方式，生活方式占健康的60%。“现在很多人是到了年纪大了才会关注养生，其实已经为时已晚！”钟南山认为养生应该是30岁左右开始。很多生活习惯是青年时候养成的，比如说抽烟喝酒，所以应该从青年时候就要养成好的生活方式，而不是从中年老年的时候再考虑。

“一个人真正能够活的年龄是120岁。”钟南山介绍说。为什么有一些国家人的寿命只有七十来岁？钟院士解释，每个人都有三种年龄：自然年

2011年，东莞财政总预算为259.3亿元，这其中用于各项民生支出的达134.8亿元，东莞将进一步健全公共财政保障体系，建设幸福家园。

龄、生理年龄和心理年龄。现实生活中，大部分白领的生理年龄比自然年龄要高10～13岁，尤其是30～50岁的年龄阶段，老得很快。其中原因主要是生活紧张压力大，或者是无规律的生活方式造成的。为此钟南山提醒“健康就是一个空心的玻璃球，掉下去以后就碎了。而我们的工作就是一个皮球，掉下去以后还可以弹起来。健康是单行线，每一个人都要认真对待”。

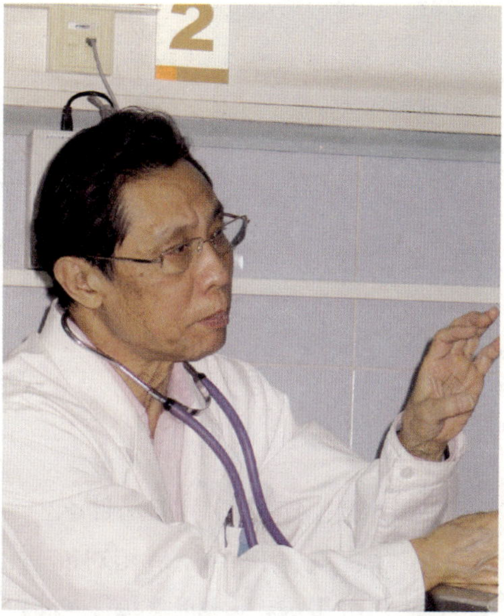

虽然肩负着多重的社会角色，但钟南山还保持着日常的出诊

演讲当天天气寒冷，很多来听讲座的人裹着厚厚的羽绒服，而钟南山院士穿着一件衬衣和西装就出场了，两个多小时的讲座全程站着完成了。钟南山年轻时曾是一位体育健将。1959年在第一届全运会上打破400米栏全国纪录，1961年获北京市运动会男子十项全能亚军。时至今日，北京大学医学部还有几项由他创下的运动纪录无人能破。此后钟南山数年如一日地坚持锻炼，才有了那么强健的身体。

关于心态，他认为，生活方式决定了我们的健康。要活得健康长寿，就要做到心理平衡。首先是学会追求，有坚定的人生信念，然后做到知足常乐、自得其乐、助人为乐、苦中取乐。他还喜欢养猫，家中有一只11岁的老猫，他认为在家养一些自己喜欢的小动物有利于放松紧张的心情。关于饮食，他坚持每天吃大量的蔬菜水果，每餐只吃七分饱，坚决不吃肥腻的食物，不挑食，不抽烟，不喝酒。关于睡眠，无论再忙都会保持每天7个小时以上的睡眠时间，他坚持每天晚上11点上床睡觉，早上7点起床，午睡是必须的，并强调这对健康十分有益。

（撰稿：黄红丽）

丁磊

1971年生人，籍贯浙江宁波。于1997年6月创立网易公司，现任网易公司CEO

创业楷模丁磊：

幸福就是感受每一天的进步

翁小筑：您觉得幸福是什么?

丁磊：我觉得幸福是相对而言的，日子一天比一天好，就是一种幸福。每一天有进步就是一种幸福，我最怕的是哪一天没有进步，甚至是倒退，那我觉得那不叫幸福，那叫悲哀。如果一百天内每一天都在进步，每一天都在学习，每一天精神质量获得了升华，得到了提升，我就觉得这就是一种幸福。但如果说我感觉每一天各方面都一日不如一日，一会这也不爽一会那也不爽，那我有何幸福而言呢？可能我会感觉世界末日离我不远了，2012快来了。呵呵。

翁小筑：您的意思就是说，幸福就是感受进步?

丁磊：有人把幸福定义为“吃得下饭睡得着觉笑得出来”，但我想那是哺乳动物的基本反应，幸福应该是一个过程。如果每个月每一天都比过去进步，有收获；如果40岁时房子住得比30岁时安逸，工作比从前更顺手，健康状况比以前更好一点，我想这就是幸福，幸福是跟过去比较得来的。又比如，我们的环境、文明程度以及自身感受都在提高，这也是很幸福的事情。

不过，对每个个体来说，他的起点是不一样。有些人虽然吃饭吃得好，但睡觉睡得不好，总失眠，他突然间发觉他的睡眠一天比一天好的时候，他就开始有幸福感了。所以说幸福感可能是各种原因造成的，相对而言的。

幸福调查

一项涉及世界各国的调查显示，国民收入虽和幸福有密切关联，但心理和社交需要是否得到满足也是幸福关键。

翁小筑：那您觉得如何提高幸福感呢？

丁磊：我认为要学会以平常心态去面对，就是要拿得起放得下，当你把什么事情都看平了，看得很淡的时候，不以物喜不以己悲，每天有一点小小的自我满足，偶尔来点惊喜，这是我理解的幸福。

孔子曾经跟他的门生说过一段这样的话，他问他的门生，你的人生理想是什么？门生答，每天能在收工后，在河边跟一群好友喝酒聊天，看落日；第二天还能是这样的生活，这就是我的理想。孔子说，我的理想也是这样的。但是长期以来，我们又在受另外一个传统的观念影响，即我们所受教育总是要求我们要居安思危，从这个角度而言，远虑跟幸福总是有些对立，这个如何去平衡，需要大家去思考。

翁小筑：作为一个IT行业领军人物，每天面对着复杂多变的形势，您觉得自己幸福吗？

丁磊：我其实是个很有忧患意识的人，特别是在这行业，没有忧患意识是不行的。大家看，我们的信息通讯比过去几十年更要发达，，技术的进步，竞争的激烈，都可能让任何一家企业很快在市场上消失。我最近思考了一个问题，比如柯达，曾经的相机老大，在数码时代的今天，失去了江湖地位，还有很多类似的企业都遭遇了这样的问题，这些问题都值得我们反思。当然，反思出原因，总结归纳出经验教训，能让我们更好地处理问题，也是一种幸福。如果问我现在是否幸福，我只能说我在追求幸福的过程当中，这是我现在的状态。

采访手记：采访丁磊的确不易，这位网易的创始人、曾经的中国首富给人的感觉一直很忙碌。但那天约好采访的时候，丁磊却显得耐心而随和，那种随和透过他的紫色针织衫和运动鞋静静地散发出来。他自在地靠在沙发上，满脸憨笑地和我探讨幸福的话题。采访结束不久，或许是对刚才的讨论还意犹未尽，我收到了他这样的短信：关于什么偷走了中国人的快乐。1. 缺乏信仰。2. 总是比较。3. 对美好事物不感动。4. 不懂施舍。5. 不知足。6. 焦虑。7. 压力大、标准高。8. 不敢坚持做自己。9. 得失心强，缺乏冒险精神。10. 单调与规律，缺乏游戏精神。11. 活得太闲或太忙。12. 过分追求无益的快乐。13. 过分向外追求快乐，而不是内心。14. 情感困惑。15. 心灵封闭，开放度差。

说实话，收到这条短信的时候，我也感到了一种被尊重的幸福。

（撰稿：翁小筑）

幸福调查

根据调查显示，绝大部分家庭属于互爱型婚姻，超过六成的夫妻认为“感情很好，互敬互爱”，其中5年以下的新婚者幸福感最高。

黄家武

广州市好迪化妆品有限公司总经理，
全国青年联合会委员

实力民营黄家武：
大家好才是真的好

翁小筑：您觉得，幸福是什么？

黄家武：首先是幸福的标准要界定出来，每个人的身份不同，对幸福的理解就不同。有人当省长，有人拉板车，有人捡破烂，他们的幸福要求就不一样。那么，就需要有一个标准。幸福是一个非常泛的一个概念，它可以务虚的，又可以务实的。打个比方，有些家庭它不缺乏物质，也不缺乏精神上的，但却觉得生活非常平淡，像这样你觉得幸福吗？偶尔你觉得很幸福，但偶尔你会觉得自己真的不怎么幸福。如果标准能清晰的话，大家就有一个期望值，这样幸福感就会出来了，所以归根结底，幸福是个期望值问题。如果是一个富翁，就像丁磊一样，曾经做过首富的，今天你给他1万块，他会不会幸福？也不一定会幸福！如果捡破烂的，今天多捡了10个易拉罐，做梦都会笑。所以，建设幸福广东，就是当大家的期望值都得到实现的时候，就幸福了。

翁小筑：那作为一名民营企业家，您对幸福的期望值是多少呢？

黄家武：从大的层面来说，我希望企业能够发展得更好一些，能够为员工谋更多的福利，让他们在为公司创造利益的同时，自己个人的价值也得以体现，得以肯定，让他们感到工作中的幸福。正如我们好迪的广告语“大家好才是真的好”。说实话，在广东这样一个大的经济环境中，劳资关系要比

黄家武担任2010年广州亚运会火炬手

其他地方简单许多，企业与员工之间也建立了良好的关系，政府与企业的关系也相对紧密，会为企业提供许多实际支持，这有利于我们企业的发展，这也是我们作为一名企业家的幸福。

从小的层面上说，如果每天我睁开眼之前，我老婆亲我两口，我就觉得非常幸福，这就是一个期望值的问题。关键是怎么定位，怎么期望。我和老婆说，在我睁开眼睛之前，我就在做梦：这个世界上，我老婆是最美丽的。

翁小筑：那如何提高幸福感呢？

黄家武：其实在我们这个社会，很有钱很有成就感的人不少，但他们往往会感到空虚，为什么会这样呢？因为他们除了创业，没有一个健康爱好的引导。所以，提高幸福感，关键还是从外因和内因入手，做好调整。

采访手记：对“黄家武”的名字，先前并不是很熟悉，熟悉的却是他所掌舵的“好迪”里的一句广告语“大家好才是真的好”。采访的时候，他西装革履很有礼貌的打招呼，真诚而耐心。

在谈到“幸福是每天睁开眼之前老婆亲我两口”的时候，他哈哈大笑起来。从他爽朗的笑声中，我深深地感受到这位民营企业家工作、生活两美满的幸福。也许，这种扑面而来的生活细节，是我们平时所拥有的，却难以像他这样如此描绘幸福。

（撰稿：翁小筑）

幸福调查

一份名为《2010年中国城市居民幸福感调查》的结果显示，七成半被调查者自认“幸福”，女性、老年人、大学本科以上学历者以及负责人群体的幸福指数相对较高。此外，收入分配是否公平合理已成影响幸福的重要因素。

阮星航

1991年开始踏入娱乐圈，现为广州电视台《心水保姆》栏目主持人

欢乐大师阮星航：

幸福就是要相信

翁小筑：您觉得，幸福是什么？

阮星航：我觉得幸福是一种状态，体验幸福是一种心态吧。因为你人生经历很多不同的阶段，都有很多不同的状态，但只要你保持到那个心态，你这一生就会有幸福感。比如说，你知道自己的目标，然后你知道你自己处在于为目标努力的阶段，有这个阶段作为基础，然后你就会觉得做了所有的东西，包括你现在所在的这个环境，也有幸福感的趋势，哪怕现在还没有得到，哪怕还在努力，也会有追求幸福的感觉。幸福应该有状态，但我觉得你人生的不同阶段，肯定不可能永远都一个状态，肯定会遇到不开心的事情，但关键是你心态上的调节，你要让自己知道，哪怕目前的一些困难或者怎么样啊，只是一个过程。你的目标，你的追求，你的努力，那其实在这个过程当中，你得到东西的时候，就是一种很幸福的状态。

翁小筑：作为主持人，站在舞台上的那一刻的幸福，是否有很大的不同？

阮星航：当然了，这种是很直接的，因为节目是做现场的，一出现场马上一堆掌声，一堆笑声，你就已经很满足了，因为你要的就是这种东西，这就是节目的效果。你站在很多很多的基础上，包括一个团队的制作，你只能尽量做好你的工作，或者用你自己的这一块去带动整个节目，但对于节目的反馈我是最直接的，因为我在舞台上，我就要逗笑观众，我就要带给大家想听的东西，所以说，

最大的收益就是观众的认可，我觉得这就是每个艺人在从事这个行业最大的幸福感。

翁小筑：您从演员、DJ再到独立制片人，这些角色的转变，是不是会给你带来一些对于幸福的启发？

阮星航：可能有些人会把这种东西形容成一种付出的回报，有些人会认为是一种虚荣感，但我觉得是一种很幸福的东西，因为你热爱这个行业，然后你有兴趣做，你达到了自己的目标，就是所有的困难都是一个过程。在这个过程当中不断收获，就肯定有幸福的感觉。你不一定要得到最后的结果，我为什么要做制片人，就是因为很多东西就是我在广东这边的见识，或者一些专业制作的东西。其实，当一个主持人，我很多东西左右不到，所以我就希望重建自己的团队，其实重建了以后，你会更加觉得很多东西不是你一个人本身能去改变的，要一步一步来，哪怕是这样，你也要慢慢走过这一过程，不然你永远都是很吃亏的。虽然在制作节目的过程中，会受到很多的限制，但你必须不停地拿东西去平衡，我会告诉自己，我就是在路上，我就是在过程上。其实，有时想想，我比很多人幸福多了，因为有做这些大节目主持的机会。

翁小筑：那您给您目前的生活幸福指数打多少分呢？

阮星航：我觉得应该能有七十多分吧，对男人来说，一个事业，一个家庭。事业上我觉得一路走来，不管怎么样，起码不断地出现机会，不断地有付出。在家庭上，我觉得我家里人对我的支持和理解，也是让我觉得蛮幸福的。我觉得幸福最主要是相信它的存在。一定要相信有幸福这个东西，对很多人来说，

幸福调查

2011年2月人民网推出“哪些因素影响幸福感”的调查，有超过三成的网友选择了“经济状况、生活质量”和“权力规范、公共服务”，其中选择前者的比重略高。可见，规范权力运行已与增加经济收入一样影响着幸福感。

他们只会怨天尤人，所以幸福的第一步是相信。

采访手记：联系阮星航的那天，我刚好在看《心水保姆》的节目，被节目中他幽默风趣的主持风格所感染，这位“市井”才子，带有一种极浓的“市井”风味，一言一行幽默夸张得恰到好处，每每令人忍俊不禁。后来他的助理给我打电话，谈到了阮星航为节目所付出的艰辛，让我倍生好奇：一个人需要多少的精力和毅力，才能锲而不舍地又台前又幕后地做好所有的工作？

采访阮星航的时候，听他语速飞快侃侃而谈，聊想法谈感受，却只字不提付出的艰辛。末了，他脱口而出“幸福最主要是相信”，让我眼前一亮。是的，相信幸福的存在，这种力量是巨大而值得尊重的。

（撰稿：翁小筑）

每个人都有属于自己的幸福（黑白灰工作室）

上官午夜

中国最具畅销号召力的女性悬疑作家，宅居广州

文字精灵上官午夜：幸福是要被提醒的

翁小筑：您的人生经历颇为丰富，那么，您觉得幸福是什么？

上官午夜：在每个阶段，我对幸福的理解是不同的。很多年前，我的幸福是当一名歌手、一名演员，站在舞台上听到观众为我的精彩表演喝彩和鼓掌。13岁的时候，我就离开家乡，独自走上演艺道路，为了幸福、为了梦想而持续奋斗着。没想到，后来我患上了肺结核并引发胸壁结核，离开了打拼十余年的舞台。说实话，那一刻我觉得自己的幸福破碎了、梦想破碎了，因为毕竟那里留着我的青春、我的喜怒哀乐、我的血泪与汗水。

幸运的是，在2006年，徘徊在十字路口的我，却踏上写作道路。当看到自己的作品发表了，也得到了读者们的喜欢，时常听到他们的鼓励，我那份失落已久的幸福感不禁涌现出来，我才发现，我以为的幸福破灭，原来能够在这里找到自己的归宿。后来我不断地写书出书，不断看到自己笔下的作品渐渐成熟，笔下的人物渐渐成长，那种幸福感就愈来愈强烈。

倘若问我何为“幸福”？我想幸福就是学会感恩、学会坚持自己，幸福就是找到生命信仰，找到人生方向并为之奋斗。抽象来说，幸福就是健健康康，全家人一起欢笑一起过日子。

翁小筑：您觉得现在最大的幸福是什么？

上官午夜：也许我的要求不高，但我一直为这样的幸福努力着。我走过的路很多，从演艺道路转到写作道路，接着结婚生子，收获写作成果的时候

幸福调查

收入高低是否与幸福指数直接挂钩？中国社科院社会学研究所副研究员王俊秀分析说，当收入处于较低水平时，收入增加的时候，幸福感也会相应增加；但当收入增长到一定水平的时候，幸福感增加的幅度会变缓或不再增加，反映在个体身上甚至有可能下降。

有着家人的陪伴与分享，也有着读者的支持与鼓励，所有的这些都是一种幸福。当然，我们要学习提醒幸福，习惯幸福，经营幸福，善待幸福，因为幸福不是天生的，也不会主动降临，只有掌握幸福的秘诀，并不断温习，才能学会幸福。

翁小筑：归于平淡，也是一种幸福？

上官午夜：嗯，记得几年前，刚刚爬格子写作的时候，我是想过大红大紫，想过超越谁谁谁，想过版税过百万，等等，想过的事情可多了，尽管说有追求就有动力，但现在想想这些事儿挺傻的，挺没意思的。少比较，少患得失心，多坚持自己，不是更好更值得高兴的事情吗？这不是没有梦想、没有追求，而是一种云淡风轻，一种宠辱不惊、闲看庭前花开花落。就像现在，写作，出书，与家人开开心心过日子，已经是挺幸福的，那些你追我赶、横竖较劲，终究是浮云。

采访手记：认识上官午夜，缘于她热销的小说《天劫》，这位被媒体誉为“最富才情的悬疑小说家”，小说里散发出浪漫而忧伤、诡谲而惊悚的独特气质。原以为她会是个空灵而诡异的人，对幸福会有着与常人不同的领悟，但事实并非如此。面对面采访的时候，她一直微笑而平和地回答我的问题，透过那双漂亮的眼睛，能够读懂她诚恳而坚强的内心。

有人说：“经历多了挫折多了，心会老得特别快。”所幸，我看到的还是一个对现在、对未来充满憧憬的女子。我想，珍惜眼前的快乐，那么一定是幸福的。

（撰稿：翁小筑）

王厚明
中国唱片广州公司音乐总监，暨南大学、中山大学等高校客座荣誉教授

音乐共舞王厚明：一起来，更幸福

翁小筑：在您的眼里，幸福是什么？

王厚明：其实每个人对幸福的感受和理解是不同的。比如说，身临绝境的人，获得了再生是幸福；苦苦追求的恋人成为了终身伴侣可能是幸福；终身为之奋斗的梦想得以实现可能是幸福。对于我而言，幸福其实是一种过程，一种体验，而不是说只有快乐、成功才是幸福，其实，磨难、艰辛也是一种幸福。记得十年前我初到广州的时候，连住的地方都没有，当时有朋友给我提供了一个暂时栖身之所，我觉得那时我也是幸福的，他让我体会到了友情的珍贵。后来，经过自己踏实辛勤的工作，有了自己的房子，成为了真正的新广州人，我觉得这是对自己努力工作的肯定的幸福。

翁小筑：作为一名音乐制作人，在您的工作中，幸福体现在哪里呢？

王厚明：我是一名音乐人，最大的幸福莫过于自己所作的音乐能够给人家带来快乐，带来美的享受，能引起听者的共鸣。我是江西九江人，在1998年的大洪水灾难中，我无数次被抗洪的战士所感动，所以连夜赶作了一首以孩子盼水灾早日结束，盼爸爸早日回家的歌曲，这首歌名叫《爸爸》，现在我还很清晰地记得。当我在抗洪堤坝上为抗洪战士播放这首歌时，抗洪战士们被深深地感动了，流下了眼泪。那时那刻，我也找到了一种心灵的共鸣，能够在家乡遭遇大灾大难的时候献出自己的微薄之力，我也觉得很幸福。而后来也正因为这首歌，让我获

幸福调查

目前，在中国“最具幸福感城市”有两个较有影响力和权威性的评选活动：一是《经济生活大调查》；一是《中国最具幸福感城市大调查》。由于评选的媒体不同，会出现不同的名单，但是评选都反映出一个方面，那就是现在的人们越来越认为金钱并不能直接等同于幸福。

得了“五个一工程奖”，这是我目前获得的最高的奖项，由喜悦带来的幸福，也是终身难忘的。

翁小筑：到目前为止，您觉得最具有幸福感的事情是什么？

王厚明：可以说，到目前为止，让我最具幸福感的事，莫过于是带领我们的团队创作了广州亚运会的志愿者主题歌曲《一起来更精彩》。2010年广州亚运年，我觉得作为一个新广州人，也应该做点事情，于是我推掉了所有的商业活动，完全投入到创作公益歌曲中，和词作家郭轩宇一起创作了《一起来更精彩》。没想到，这首歌一推出，反响很不错。说实话，虽然在创作的过程中，我错过了很多商业的机会，但当走在路上，听着大街小巷男女老少都在传唱这首歌的时候，我觉得那是多少钱也买不来的幸福感。

翁小筑：作为一名新广州人，对广州您有着怎样的一个情怀？

王厚明：其实我真正事业的发展，是来广州发展的十年，广州给予我太多的机会和感动，我深深地热爱这一片热土，这里有很多一直支持和鼓励我的朋

友，也能够给予我事业的发展一个很好的平台，这也正是我幸福指数很高的原因。

我希望，能够用自己的微薄之力，为广州这个我的第二个故乡作出一点小小的贡献。

采访手记： 采访王厚明，是在他的录音棚里，彼时他刚好在创作歌曲《幸福广州》，听到我采访的主题，便哈哈的笑起来，大呼道："真的太巧了！"边说边起身迫不及待地把这首曲子翻出来，伴随着音乐轻轻地哼唱起来。

被问及创作的动机时，他坦言，希望用这首歌引起所有广州人的共鸣，让每一位广州人都有认同感、归属感和自豪感。"套用一起来更精彩的歌词，我希望一起来，更幸福，呵呵。"从王厚明的眼神里，透射出他对幸福的憧憬。而我想，执著于自己热爱的事业，也是一种幸福。

（撰稿：翁小筑）

骨头就是狗狗的GDP
（黑白灰工作室）

幸福调查

2011年2月27日温总理对于网友关于未来5年政府如何提升百姓的幸福感的提问时回答：结合“十二五”规划，我们要使社会更加发展进步，使国计民生的一系列重大问题都进一步得到改善，使人民生活得舒心、安心、放心，对未来充满信心。

冼东妹

中国柔道女运动员，曾获雅典奥运会和北京奥运会柔道冠军

冠军妈妈冼东妹：

了解自己，才容易找到幸福

翁小筑：您觉得幸福是什么？

冼东妹：每个人对幸福的理解和定位是不一样的。我觉得幸福其实是一种和谐，能够顺应你自然的天赋和秉性，也能够和周围的环境和睦共处，就是幸福了。很多人觉得自己不幸福，其实是因为他们心中的幸福是别人定的，这样往往给自己造成一个很大的负担，而如果我们能够了解自己，找到自己适合的定位，那么，就容易找到一种幸福。

翁小筑：在您的运动生涯中，经历了六次复出摘金夺银，也演绎了中国奥运史上首个妈妈冠军的传奇，从运动场上退役离开赛场，不同的阶段，对幸福的领悟又有什么不同呢？

冼东妹：以前没成家时在运动队训练的时候，因为在一个集体里，大家打打闹闹，没什么忧虑，每天除了训练就是训练，虽然很辛苦，但大家也苦中作乐，相互鼓励，相互支持，那是一种享受友情的幸福。而当奥运场上拿到冠军时，看到自己流下的汗水和泪水所换来的奖牌，也是一种难以言表的喜悦和幸福，这种幸福，不单单来自自己的付出，更多的是对身边的亲人、朋友、同事一直对我支持和关心的感动，之所以会觉得幸福，是因为感恩。而退役后，我心态可能又发生了些许变化。现在我觉得有了稳定的工作，能一家人健健康康开开心心的在一起就很幸福。于大的来说，不管做什么工作，能够为社会、为大家

冼东妹在北京奥运会获得柔道冠军后，悠闲地来到奥运村美发

做点贡献，那就是一种幸福；而从小层面的来说，作为一位母亲，一个妻子，一个女儿，我的家里人能够平平安安、健健康康的在一起生活，就是一种幸福。

翁小筑：那如何去提升自己的幸福感？

冼东妹：我其实对自己要求并不高，觉得工作的时候很努力的去工作，把自己该做的事情做好。工作之余的时间，家里人好好的去休闲、旅游、娱乐，让自己放松，也让家里人开心。

这也可能和我以前做运动员时和家人聚少离多有关，会越发珍惜一家人其乐融融的生活状态。说实话，我们现在的人，特别是生活在大都市的人，工作和生活压力都太大了，精神高度紧张，神经常常紧绷起来，这样其实是不好的，对身心健康都不好。当然，也是无奈之举。所以要学会放松，学会放下，学会舍得，这是一个自身心态的调整的过程。当你学会调整的时候，你可能就能更好地领悟和提升幸福感了。

采访手记：作为2004年、2008年两届奥运金牌得主，冼东妹头上的光环无疑是耀眼的，但眼前的冼东妹全然没有明星运动员的架子，无论是谈到夺冠时的喜悦，还是谈到回归家庭的温馨，她总是淡淡地笑，不造作也不矫情。作为广州亚组委竞赛部副主任，刚刚忙碌完亚运会的她，希望接下来自己的步履能够慢下来。“生活的幸福，还有很多值得我去体会。”说这话的时候，冼东妹眼里尽是柔情。

（撰稿：翁小筑）

幸福调查

2011年1月，广东省省情调研中心完成省内首次《广东省居民生活状况与主观幸福感调查报告》。结果显示，广东省城镇居民的主观幸福感处于良好状态，综合得分75.3分。

赵广军

从1998年起至今从事志愿服务十余年，创办志愿服务心理咨询热线——“生命热线”，2008年被评为全国道德模范

志愿先锋赵广军：

让别人幸福，才能让自己幸福

翁小筑：在你的眼里，幸福是什么呢？

赵广军：我觉得，好好感受人生，只要人生里面每天过得安稳的话，就是一种幸福，因为活在当下。其实，活在当下就是一种幸福。在人生的过程中，每个人都是在经历一个过程，这个过程也可能会很快乐，也可能会很低落，但在这个过程中，我觉得，你要享受幸福，一定要各个方面去尝试，因为只有快乐而没有痛苦的话，你的人生并不快乐，因为你就没有低潮跟高潮之间的喜悦。有很多人说他一辈子都很痛苦，但其实为什么会痛苦呢，是因为我们没有在痛苦这个过程中去总结去反思，没有学会在痛苦中去了解自己的困惑，去改善，或改变自己，如果观念一改变，那么，哪怕在失败中在痛苦中，有一点点成功小小的喜悦，这就是一种幸福。

翁小筑：那您在做志愿者助人为乐的过程中，会不会对幸福有一些更深的领悟？

赵广军：我曾经遇到过一些残疾人的求助者，他们跟我说，一生里面最大的愿望就是去看日出。当我们在日出前把他们带到山上，让他们感受到日出，让他们感受到大自然的空气的时候，从他们脸上露出的笑容，我就看到了一种幸福。其实幸福并不是人生追求的所谓一种精神，也不是金钱上所谓的满足，而是身心上的一种愉快，也就是一种感受的幸福。有很多时候看到生病的患者，他们很少会笑，但当志愿者跟他们沟通后，他们也会露出一种很难得的笑容的时候，这也让我们觉得自己已经是可以成为带给他们快乐的使者。

翁小筑： 按您的理解，帮助别人的过程，于人于己也是一种幸福？

赵广军： 那是肯定的，我觉得每个人都有自己所谓的幸福，因为他们都有属于自己的内心世界，每个人的幸福观都是不同的。但有一样是共同的，当我们做志愿者，去帮助需要的人的时候，看到被帮助的人精神面貌发生变化了，生活有很大改善的时候，那一刻我们就是幸福的。2010年底，我们去看了山区的一批孩子，有一些是孤儿，有一些是很穷的孩子，当我看到他们从我们手上接过那些文具和奖学金的时候，他们的笑容洋溢出来，当我们告诉他们，下一年如果他们拿到“三好”学生或者学习有进步的时候，我们还会对他们有一定奖励的时候，从他们的眼神里，我看到

幸福调查

2011年《广东省居民生活状况与主观幸福感调查报告》显示，幸福感存在明显的地域和人群差异：惠州总体幸福感领跑全省；本地人比外地人幸福；女性比男性更幸福；高中、大专学历者幸福感较低；在月收入一万元以内，收入越高越幸福。

他们对一种幸福的期待。

翁小筑： 赵广军生命热线开通这么多年，您如何在这个过程中来传递这样一种幸福？

赵广军： 我经常跟一些打电话求助我的人说，我们不要把我们定位得太高，因为定得太高，你只会失望，失望得更快，但如果把我们的定位一点一点的提高的话，我们会发现，我们的生活每天都充满着一种跟自我挑战的成功，其实这就是一种喜悦。我希望可以告诉他们需要改变，因为每一个成功的人并不是生下来就可以享受这份成功，他们要经过自己的努力，去得到自己的成功，如果你只是困手困脚的话，你肯定也会失败，成功不会等待，它是不断地改变，如果想要成功的话，你一定要去努力争取。

采访手记： 采访赵广军之前，就曾在不同的场合见过他。一次是在南国书香节的书展上；一次是在人民公园请人帮忙照相留念的时候，恰好碰到他，他二话不说接过相机，满头大汗不厌其烦地帮我们拍照，末了还问了句：“你们看拍得好不好，不好我再拍。”

憨厚、善良的他，面对我提到的关于幸福的问题，他谦虚地说自己谈不出太多的理论，但当他一次次强调“让别人幸福的同时，也让自己幸福”的时候，我知道，他对幸福的领悟，比很多人都理解得透彻。

我想，这个社会，真的需要这种把别人的事当成自己的事、乐于去助人的人。如果真能如此，那么，全社会的幸福指数，应该高很多。

（撰稿：翁小筑）

2011年春节鹅潭焰火（摄影：李卫东）

幸福镜头

□ 建设幸福广东，解决人民群众最关心的问题，要统筹兼顾，使幸福保持可持续性。

返乡记

卧铺给老婆　硬座给自己

——广州打工夫妻刘小庆、陈敏

来自陕西汉中的刘小庆（化名）带着老婆陈敏在广州打工5个月，反倒亏了本，但他觉得值——因为远走高飞来到广州，他和陈敏终于得以突破岳父母的反对在一起了，并且，他即将成为一个孩子的父亲。

年关将近，不管是辞工、退房还是买火车票回家，刘小庆和陈敏都经历了一番波折。他们的经历，是春节期间亿万迁徙的中国人的缩影。

1月24日凌晨，在广州解放北路锦汉展览中心排队排了一个通宵的刘小庆终于买到了火车票。从广州始发至西安的K82次列车，30日下午两点半出发，31日下午4点到达，然后再坐三个半小时汽车，他们就到家了。

风尘仆仆的刘小庆，背着一身行李，也背着一身幸福

幸福账本

2010广东省省情调查研究中心的一份调查显示，有49.4%的市民认为温馨的家庭是影响个人幸福的主要原因，认为浪漫的爱情对幸福有影响的市民只有7.4%。

下铺给老婆，硬座给自己，刘小庆如愿以偿，这就是他的幸福。

辞工　领到最后一个月薪水才安心

从2010年8月24日开始上班到辞工，刘小庆在广州白云区竹料镇的一家五金家具厂工作了5个月，进厂交1800元押金，第一个月工资1600元，后面每个月1800元，一共赚了8800元。

陈敏在出租房中

他的老婆陈敏早在1月5日就辞工了，因为怀孕。陈敏在一家电子厂上班，每周一到周六，除上午8点至12点、下午1点半至5点半正常上班外，晚上要从6点半加班到10点半甚至更晚。每月底薪1000元，加100元“全勤奖”，再加每小时6.5元的加班工资，一个月下来能领到1400元左右。4个月下来，她一共赚了差不多5000元。

从2010年11月8日得知怀孕开始，陈敏便向工厂打辞工报告，一直到元旦过了还没批下来。“年底招工难，工厂人不够，连假都不让请，更别说辞工了。”陈敏有些担心，听工友说，以前不少辞工的人最后都不得不放弃了最后一个月的工资。

想到这一个月工资，陈敏虽然舍不得，但还是不得不走：每天工作12个小时以上，身体已经快支撑不住了。

“12月底的时候，她差点流产了。”刘小庆替老婆下了决心：再不辞工，孩子都保不住。

1月5日，刘小庆强拉着陈敏，去她的工厂最后一次辞工。刘小庆被挡在厂门外，听不清楚里面的动静，3个多小时还没见老婆出来，一急，先拨了“110”报警，又给报社打了个报料电话。

警察和记者都来了，工厂总算放行，陈敏也拿到了1420元工资。

走的时候，刘小庆注意到电子厂门口新贴出的招工启事，主动跟记者说起“民工荒”这回事：“如果工厂对工人好，我们都巴不得介绍老乡进来，不愁招不到人，哪还有什么‘民工荒’呢？”

退房　离开在广州的第一个“家”

12平方米的房间，每月租金250元，虽然只有短短的5个月，但这是属于刘小庆和陈敏的第一个“家”。

他们是不被祝福的一对。刘小庆31岁，4年前离婚。陈敏24岁，父母给她安排的男人还没结婚就开始使用暴力，她想解除婚约就得退还12 000元礼金，父母不肯退钱，非要她嫁人。

2010年4月，陈敏和刘小庆在网上相遇。刘小庆觉得这姑娘“虽然长相一般，但是人老实，心好”，就替她还了那12 000元礼金，两个人在一起了。由于陈敏的父母始终反对，刘小庆心一横，带她远走高飞来了广州。

工厂有宿舍，但刘小庆还是愿意花钱和陈敏一起在外面住。他说她傻、粗心、胆小怕事，但又很疼她，没在自己身上花什么钱，却给她花了三千多元买衣服，又花了近两千元买孕期补品。

半个月前，由于租的房子有些阴冷，刘小庆让陈敏搬去大姐家。“大姐嫁到广东，在白云区人和镇当小学老师，已经算半个广州人了。”

这几天下班后，刘小庆就独自一人回家收拾东西，把衣服装进旅行箱，

幸福账本

1970年不丹国王旺楚克提出国民幸福总值的概念，他认为人生基本的问题是如何在物质生活和精神生活之间保持平衡。由此，不丹创造性地提出了由政府善治、经济增长、文化发展和环境保护四级组成的国民幸福总值指标。实践的结果是在人均GDP仅为七百多美元的不丹，人民生活得很幸福。

电饭锅和电磁炉打包好，盆、桶和衣架都舍不得扔，拿去给大姐用。

一个旅行箱、一个背包、一个电饭锅和一个电磁炉，这就是刘小庆和陈敏准备带回老家过年的全部家当，连广东的过年特产都没有买。“火车上很挤，带不了那么多东西，带着人就成。”刘小庆很实在地说。

回家 最珍贵的是团圆

“父亲去世早，两个姐姐远嫁，家中只剩下七十多岁的老母亲。”刘小庆悠悠地说，“如果我不回家，母亲过年就没人和她团聚。”

可是一想到回老家，刘小庆又实在感到“很头痛”：家里的土砖房在2008年的大地震中震坏了，裂着一条条十多厘米宽的口子，没有十万八万

返乡者怀着急切的心情排队购票

元没法重修。“虽然地震补偿款按理有约两万元，但目前只拿到1000元。”刘小庆担忧地说，母亲身体不好，岳父岳母又不同意他和陈敏的婚事，想在家里做点小生意也没本钱，加上老婆生孩子又要花很多钱，怕剩下的钱不太够。

尽管如此，他并不埋怨生活艰难。刘小庆对未来并不悲观，“等老婆生完孩子，我把她们留在老家，自己再来广东打工，怎么都能赚到钱。”

年轻的陈敏喜欢广州，因为这里天气暖和，生活丰富，只是加班让她感到累。刘小庆则对广州有着复杂的感情。在这里，他觉得机会很多，到处有钱赚，但同时竞争也激烈，消费太高。

“我知道现在可以积分入户，能做广州人当然好，要能赚多点钱就更好。赚钱少怎么做广州人？”刘小庆说，他是这样想的，他的很多老乡、朋友、同事也都是这样想的。“以后有了孩子，希望他多读书，找个好工作，直接变成广州人就好啦。”

【过年账本】

●存款：来广州时，刘小庆带的银行卡里有存款24 000元。

●收入：共计13 800元。刘小庆工作5个月，收入8800元。陈敏工作4个月，收入约5000元。

●支出：房租每月250元，水电费每月100元，加押金250元，5个月共2040元；购买被褥、厨具等安家的生活用品，约1500元；生活费每月1500元，包括吃饭、购买日用品、交通等，5个月共花费7500元；陈敏怀孕检查、护理、住院5天，约6000元；给陈敏买营养品，包括叶酸、钙片、孕妇防护服等，约2000元；给陈敏买衣服，约3000元；各种杂项约2000元。共计22 040元。

●结余：按照计算，结余应为15 760元。到了买票当天，刘小庆银行卡内余额为1800元，现金6600元，共计8400元。

幸福账本

广州市211个城市公园中已有169个公园免费开放。全市已批建森林公园48个，现已逐步开放的森林公园有26个。公园开放后，过去围蔽的围墙也逐步拆除。

【新年愿望】

●刘小庆：多赚点钱，修房子，养孩子，开个小店过日子。

●陈敏：生个健康的孩子，父母不再反对我们在一起。

（撰稿、供图：《南方日报》记者赵新星，实习生张芳圆　统筹：谢苗枫）

“猫吃鱼，狗吃肉，奥特曼打怪兽”是很受欢迎的幸福解读（黑白灰工作室）

求职记

初涉职场心未定　君问归期未有期

——职场新人马跃等待录用通知回家过年

2010年，广东求职毕业生人数超过60万。

尽管去年毕业生的就业率相对前年较高，但其中不少走上了“先就业，再跳槽”的路子。

2010年夏，国内高等教育领域权威调查机构麦可思发布《2010年就业蓝皮书》指出，有38%的2009届大学毕业生在工作半年内离职，其中近九成毕业生是主动离职。

“我就想等到新工作的录用通知书再回家。”年廿六，马跃（化名）还在广州等待着面试的结果，对他来说，一张称心如意的入职通知书就是最好的新年礼物。

揾工　先养活自己再说

2010年7月，来自粤东农村的马跃从江苏徐州某重点大学毕业。他决定回珠三角就业。

马跃学的是信息工程，为了找一份与专业对口且比较稳定的工作，从2009年10月起，他就开始着手准备：制作别出心裁的简历，关注网络的招聘

幸福账本

广州市老人已达110万人，2010年7月1日起，由财政每年投入1.1亿元，向全市80周岁以上有广州户籍的17万长者统一发放长寿保健金。

信息，投递简历……

然而，地域的距离始终让马跃略逊一筹，他在网上投出的一份份简历如石沉大海，一个个就业机会别他而去。

每个求职季节都牵动着毕业生的心

为了获得更多自己心仪的就业机会，2009年12月，马跃毅然带着简历南下，来到广州参加各种大学生招聘会。

为了节省开支，马跃住在广州大学城同学宿舍内，与老乡一起挤单人床，一起吃学校饭堂。

从2009年12月到2010年春节前夕，马跃在众多招聘会中获得了不少面试的机会，他开始辗转深圳、东莞等珠三角城市，经常在面试与等待中徘徊。“当时很希望在年前能收到录用通知书，和家人高高兴兴过年。”他回忆说。

然而，马跃的心愿并没有实现。

努力了，失败了，马跃感到很沮丧。2010年春节回家前一晚，他和另外两个高中死党在广州石牌东一家酸菜鱼店痛饮了一顿。高中同窗的“三剑客”没有一个顺利就业，感叹着“心比天高，命如纸薄”，他们都喝醉了。

去年年初，马跃仍驻扎在广州同学宿舍，一边忙毕业论文，一边辗转求职。用工环境仍未明朗，马跃决定调整求职目标：“找一个与专业对口的、比较稳定的岗位就好。”

然而，在面试12次后，他发现这样的要求似乎也高了。2010年6月，应届大学生招聘会接近尾声，心急的马跃不得不作出“先就业，再跳槽”的决定，在熟人的介绍下，他与东莞一家制造业公司签了就业合同。

“总得先养活自己。”马跃说得有点心酸。

公务员可能是每个求职者都心动过的选择

国考　公务员之路好挤

顶着2010年7月的骄阳，马跃在东莞开始了自己的职业生涯，但却找不到任何“壮志”的理由。

“在工厂里，我的主要工作是拿着电烙铁焊接仪器，这是一个中职学生的技术活。”马跃说，他感觉心理很不平衡，不是因为学历低就了，而是在这样一个岗位上，他完全找不到自己存在的理由，更觉得对不起辛苦供养自己读大学的父母。

不到两个月，马跃决定辞职再求职。

彼时，对既非应届毕业生，又没有工作经验的2010届“后毕业生”来说，求职的路越走越窄。马跃只能把希望寄托在“国考”上。仍然住在大学城老乡宿舍里，每天到图书馆准备公务员考试。

这是他的第二次“国考”。在2010年的国考和省考中，虽然成绩都过线，但离面试的成绩还有些距离。“如果没有找到更好的工作，公务员考试还是要继续参加。”马跃告诉记者，之所以一直不放弃公务员考试，因为这是一条“没有路子的路子”。

马跃说，在过去一年内，他体会最深的就是，外省名气较小的大学毕业生要在广东求职十分困难。

1月18日，国家公务员考试成绩放榜，马跃成绩过线但还是进不了面试，“竞争太激烈”。

“现在只能继续找。”在朋友介绍下，马跃目前在广州一家刚成立的网络公司工作，月薪只有两千元左右，而且没有“五险一金”，但他说，“工作和我的专业对口，就暂且留下”。

1月22日，马跃又到购书中心翻书，准备拼搏“省考”。

幸福账本

广东省2010年的工农业总产值达到了45 000亿元人民币，人均收入7000美元，在全省提倡打造幸福广东之际，粤东乡村迎来了大丰收，连老人手里都有不少的积蓄。

还乡　这个春节有点纠结

长期在外颠簸，让马跃的家人充满不安。尤其是他的母亲，每隔两三天就打来一次电话，询问工作的情况。

让马跃至今仍然深感内疚的是，原本以为毕业后可以减轻家庭负担的想法，却因为找不到合适工作而落空，刚毕业出来找工作时，由于开支比较大，家里人不得不另外筹4000元给他。

一年来，他没有回过一次家。他也很想回家，但每次家人问起什么时候回来，他都无法回答。

“怎么会不想家？！”马跃说，尤其是过年过节，大家都在大包小包地买东西准备回老家时，他特别惆怅和无奈。“但实在是没脸回家，觉得很对不起父母，看着他们老了，还要为我担忧，有时接着电话装作高兴，但心里很难受，我想他们也是。”

农村考出来的大学生，往往是家人和村里人通过读书“走出去”的寄托。马跃说，过年和亲朋好友聊天的时候，避免不了要聊自己的就业问题，一旦提及这半年来的辗转经历，自己也得承担很大的压力。

就在接受记者采访的时候，马跃手机收到一家大型通讯企业的短信面试通知，他终于笑了笑，“希望能通过面试，拿到录用通知后就回家”。

经济上的压力让马跃对回家也“有点怕”。对已经毕业的人来说，过年回家意味着要开始承担家庭责任，回报亲人。“回家买年货500元，给亲属红包起码要1800元，还要拿点钱交家里……”马跃说，光来回的车费，就得花500元左右。

每到年前，老同学都会通过QQ或者短信等方式，邀请他回家后记得一起聚聚，但他都是以“到时候看情况”来回答同学。“多少有一些躲避的心思。”马跃告诉记者，别说和同学聚会，就是和亲友一起聊天，他都会觉得有压力。

不过，在外漂泊了一年的马跃，已经习惯了压力。“只要再等到年廿九，不管年前面试能不能通过，也不管能不能拿到录用通知书，不管回家多难，今年春节都要回去。”马跃坚定地说。

和小时候过年不一样，马跃没有去买新衣服，而是一有空就在网上留意职场动态。“君问归期未有期”，既渴望早回家又不能早回家的马跃把这句诗用作MSN和QQ的个性签名。

【过年账本】

收入：

●2010年8月，在东莞制造业公司工作2个月，试用期每月2500元，不满2个月辞职，收入3000元；

●从2010年11月起，在网络公司工作，月收入2000元，合计4000元；

●父母支援4000元。

支出：

●日常花费：2010年10月起在广州生活，每月衣食住行约800元，合计约3500元；

●简历制作、考试报名、考试购买书籍，约花费1000元；

●计划春节回家来回车费400元，给亲属利是1800元，同学聚会500元，买年货500元，一共3200元。

【新年愿望】

●马跃：不想当浮云，结束漂泊的日子，能进入较大型企业工作，稳定地学以致用。

（撰稿、供图：《南方日报》记者汤凯锋　统筹：谢苗枫）

幸福账本

云浮市勿坦村是农村小额贷款“信用村”，2009年以来，全村131户农户领取了156.5万元的小额信用贷款，开展水果种植、家畜养殖、交通运输、水果经销等脱贫项目，村里32户贫困户已有17户脱贫致富。

出车记

过年有客人喝酒　的士就有客源

——的哥阿超年三十出车不愁客源，
妻子来陪过年更爽

“仪表盘闪着霓虹，车载音响放着小沈阳的《大笑江湖》，广州的夜，行人憧憧，但只要坐进阿超的车里，客居他乡的我们便不觉得孤独”——这是一位网友几天前写进豆瓣日记里的一句话。

阿超是来自河南的的哥，他比不上北京的哥能侃，也没有上海的哥的腔调，平凡得不能再平凡，每天晚上开着深夜班的出租车，等着灯红，等着酒绿，再等着烟火渐灭。

他会常常给客人讲笑话，急的时候也会骂一句。狭窄的车厢里，因此不寂寞。

又到年关，不回家的阿超计划着年三十晚继续出车，“城里人去酒店吃年夜饭，有客人喝酒，的士就有客源”。

夜班　路不堵心里也就不堵

1月20日晚，《南方日报》记者在广州中山大道西一个BRT站点旁，见到了豆瓣日记里的“阿超”。

三十而立的阿超是河南周口人。有报道称，自从20世纪90年代第一代河南的哥南下羊城，经过十多年的变迁，来自周口、许昌两地的的哥已渐渐取代曾经辉煌的湖南攸县的哥，成为广州的士营运的主力。阿超一张口，就是浓重的河南口音。

虽然从业刚满一年，但阿超身上看不见出道不久的拘谨，这一年昼伏夜出的交替，阿超已习惯了夜班的生活：每天傍晚交班，上路前洗车吃饭。周一至周五晚上7点前后是下班高峰，阿超会避开拥堵路段，这段时间客源充足，但阿超大致算过，“歇在路边可能比堵在路上更划算”。

“晚上8点一过，拧巴的交通慢慢疏通，11点后，地铁基本停运，就是夜班最好的光景。”阿超说，天河北加班的年轻白领、北京路逛街的情侣是自己的长期客源。

阿超也会在一些酒吧门口拉客，但载酒吧门口的客人有风险，不久前，他还遇到过醉酒撒野的，“一分钱都没挣到，车里还被搞得满是酒气”。

转眼一年过去了，每天穿行在夜色里，阿超说，他喜欢现在的生活，“一是上夜班，路上没那么堵，心里没那么堵。二是做的哥，人自由自在，只求踏实挣钱，踏实生活”。

每天陪伴着阿超的就是这点点灯光

南下打工前，阿超曾在河南周口一个政府机关里给领导开车，因为年轻气盛，不会察言观色，经常挨骂，“做的哥接触三教九流的人，也有客人刁难，但好人还是占多数，一些客人坐过我的车，跟我还有了交情，这让我觉得，的哥与客人间没

幸福账本

梅州市不断加快城市绿道建设的步伐，城区为剑英公园等四大公园环抱，共7公里长的绿道基本建成，且配套设施不断完善，市民在家门口就能与大自然亲密接触。

有高低贵贱”。

“茫茫人海，能同坐一台车就是缘分，应该彼此善待”，阿超遇到面善的客人，会主动打开话匣子，他的乐观、幽默能赢得对方的好感。

而音乐，则是阿超与客人交流的另一个方式。

其他夜班的哥习惯收听交通电台，但阿超上路，喜欢放自己挑选的歌，为此，他专门花200块钱改造了的士的车载音响，改造后的设备音质很好，仪表盘还会闪烁着荧光。

当阿超独自穿行在大街小巷的时候，音乐能驱散他的疲倦、寂寞；当阿超与客人同行的时候，音乐可以打破人与人之间的隔阂。

阿超说，为了迎合客人们不同的喜好，他的车里收录了上千首不同风格的歌，这里面，他自己最喜欢的是电影《大笑江湖》的主题曲，歌词“谁最难受谁知道，天下第二也挺好”透着社会底层小人物的乐观，让他很有共鸣。

团圆　妻子从老家来陪过年

年关一天天临近，广州的士营运的淡季也拉开了大幕，指望留守广州，赚更多的钱很难。

尽管这样，北上的归途一般还是见不到河南的哥的身影。“车是别人的，回河南过年要耽误几天，每天200块钱的份子钱照样要缴，加上买车票的钱、回老家四处拜年的花销，这一趟至少要贴进去一个月的收入，舍不得。”阿超说。

谁家的男人一年到头不回家，谁家的女人最担心。几天前，阿超的妻子千里迢迢追到广州，陪丈夫过年，女人随行的大包小包里，沉甸甸的全是腌好的鱼肉。

阿超与妻子结婚快10年了，去年是两人头一回两地分居。做的哥没多久，他曾经提出把妻子、儿子接到广州，妻子却一口回绝。

“流动人口子女进不了城里的公办小学，让儿子到民工子弟小学读书，她不肯；把儿子搁在家里，让爷爷奶奶照顾，做留守儿童就更不可能。”阿超说，由于自己的文化程度不高，夫妻俩对儿子寄予厚望，他们最怕儿子少了父母的庇护后，不再认真读书，小小年纪就染上不良习气。

去年暑假，妻子领儿子到广州住了几天。但寒假期间正值春运，各地火车站人山人海，顾及到安全，阿超让妻子把儿子留在河南。

阿超说，见不到儿子，自己挺牵挂的，但有妻子陪着过年，已经很知足。

过去这一年，阿超不怕上夜班，跑在路上的时候，想到挣的钱寄回家，他就觉得特充实，有时跟客人交谈，有时甚至把车停在临江大道上，欣赏广州塔下的夜景。但收工后，生活就变得空虚、单调、无趣。

这一年，他记住了无数大街小巷，但“真正的”活动范围只有车厢和仅10平方米的住处，以及住处附近专门做河南的哥生意的餐厅；白天，他基本上是在睡觉，上网是他唯一的业余生活；而男人的生理需要也无法得到满足。

因此不难理解，有妻子陪着过年，阿超心里的喜悦。这高兴里面有大块吃肉、大口喝酒的痛快，还有着对妻子的依赖和感激。

对于河南的哥，在广州营造出“家庭的幸福”并不容易，与妻子长期两地分居，并因此离婚的不在少数，结婚已经10年的阿超不愿见到类似的悲剧出现在自己身上，但如何改善境况，阿超也不知道出路在哪里。

近日，继北京出台治堵新政后，广州也高调跟进。“先买车位后买车”、“限公车”等治堵措施“胎动”，让阿超和同行们看到了一丝曙光，“2011年，广州究竟如何治堵”成了他们最关注的话题。

“年后再上路，广州的拥堵兴许就会好转。”说话的时候，这位河南的哥多少有点无奈，但眼里却满是期待，“路通，财通，有钱了，咱就把老婆孩子都接过来，一家团聚！”

幸福账本

诺贝尔经济学奖得主萨缪尔森提出一个公式：幸福=效用/欲望。效用是人从消费物品与劳务中获得的满足程度，所以要想更幸福，必须增加效用或降低欲望。

【过年账本】

每天缴份钱175元，每月能赚6000元。

●收入：夜班的哥每天要上缴份钱175元，一般要用去35升的车用液化气（LPG），也就是157.5元，再加上清洗、维护车辆的费用，一天的总成本大约为400元。

阿超每晚能拉20多单客，路费加燃油附加费大约600元，照这个比例，他的月收入在6000元左右，与广州的哥们的人均月收入基本持平。

●支出：由于没回家过年，阿超近期的开销不大，只是老婆捎到广州的腊鱼、腊肉吃光了，不得不去超市买点年货，这宗消费最后要花多少钱，阿超心里没底——做的哥至今，他一日三餐均是外卖，对广州的物价水平，他知之甚少。

【新年愿望】

●阿超：来年赚够钱，把老婆孩子都接过来在广州过年。

（撰稿、供图：《南方日报》记者钟锴）

卖花记

看天吃饭忙一年　盼着花市赚三天

——花农李兆从趁着过年花市卖花春节选择不回家

年廿八，广州花市如期开张。

年复一年，俗称“花街”的迎春花市是广州每年春节中一道独特的风景线，“行花街”更是老广们所热衷的固定节目。

然而，赏花非是种花人，在风里来雨里去的扶锄中，花农李兆从更明白“看天吃饭”的艰辛。

寒潮渐过，李兆从对兔年新春花市寄予了厚望，甚至舍不得给自家客厅留一束花。

种花　每天扎花束四小时

早上6点，花都大街冷清刺骨。年味渐浓的热闹还没来得及辐射至清晨。

花农李兆从的家就在花都花山镇的一处花场内。几根竹竿，几片石棉瓦片，还有几株葡萄，这间约30平方米的简易屋内，住着李兆从夫妇、他的妈妈和堂弟四人。

四年前，19岁的李兆从离开廉江老家，外出打工；两年前，他来到花

2010年我省区域协调发展令人瞩目，粤东西北地区多数经济指标增幅高于全省平均水平，生产总值占全省比重由2009年的18%上升到2010年的21%，粤东西北地区赶上珠三角的发展指日可待。

都，帮助父母打理花场；去年，李兆从已是种植玫瑰花的好手，接手了花场。

“从年头到年底，都是5点起床”，李兆从揉着惺忪的睡眼说，越到年尾，活越忙，既要看紧收成，还要包扎花束，“早也扎，晚也扎”，就为运到城里卖个好价钱。

简易房严重漏风，虽然盖了三层被子，李兆从夜里还是常常被冻醒。“苦了孩子，再熬一下吧。”李兆从的母亲说，土地是向当地村民租借的，说不定哪一天就会被收回。

“石棉瓦搭起来的房子便宜，砖瓦房盖了没多久就要拆，心疼。”李兆从接过话茬。

在花丛中忙碌的李兆从

早上7点，天刚蒙蒙亮。

石棉瓦裹着的小屋内灯光昏黄。李兆从14岁的堂弟李乃康正带着厚厚的手套，包扎当天要卖掉的玫瑰花束，在他的身后则是一叠叠包扎好的玫瑰花。“还剩十几束花就搞定了。”

摊开小手掌，李乃康的十指满是被刺的伤痕。

早上8点半，李兆从再去花园巡场，又剪了一些玫瑰花回来，“听说昨天下午，花价又涨了一两块钱，趁价钱高，多卖点。”

在等着广州城区迎春花市开张时，李兆从主要是给城里的花店供花。他给自己定的任务是，每天起码要上市150束，这意味着兄弟俩每天扎花至少四个小时。

卖花　每枝能卖一块钱

在李兆从看来，包扎是最轻松的活儿，压在他心头的是虫祸天灾。

据介绍，种玫瑰花，颇为关键就是防虫害。而去年玫瑰的红蜘蛛虫害特别严重。

“去年的红蜘蛛似乎有了耐药性，往常所用的农药效果不好。”去年10月初，李兆从在广州购买了一批据称可以防治红蜘蛛的农药“苯丁哒螨灵”。

没想到，3亩“超玫”喷洒该农药后的第二天，花苗出现异样，先是萌发不久的花芽逐渐枯萎，然后花梗也慢慢枯死。

李兆从熟练地把一支支玫瑰花包扎好，他笑着说自己手上肯定有不少余香

“可能是农药出了问题。”李兆从的判断却被厂家一口否定。

“前后折腾了不少时间，都没有一个结果，卖农药的零售商补偿了几千块钱，但根本就是杯水车薪。”一场药害下来，眼看着十余万元打了水漂，李兆从打算扩大种植的念头也被终结。

去年底，对大多数花农来说最为惧怕的“寒潮”亦步亦趋。

“天气一冷，花苞都发不出来，眼看着可以收的花收不了，才是最伤

幸福账本

潮州市未来的策略是：内外并举，建设宜业高地；传承发展，建设宜游胜地；统筹协调，建设宜居福地。

心的。”李兆从说，虽然花被冻死的不多，但花期会延后，而且种植成本会上涨，只能给花抢盖塑料薄膜，或者增挂电灯，有时入夜还得给花棚围上一层防护罩。

天冷并非只有坏处，“天气一冷，花价就会上涨”，李兆从盘算着，普通玫瑰花都可卖到15元一扎（18枝），每枝的价格将近一元。今年他种了近4亩的“超玫”和5亩“主教”。

“一亩地的‘超玫’可收2000扎玫瑰花，4亩地则会有10余万元的收入。”李兆从说，若是再算上5亩的“主教”，整年的收入就能抵销今年虫害的亏损，还能略有盈余。

花市　首日入袋五千元

早上11点，李兆从未能像平时一样等到帮他们运花的小货车。

“司机在阳江被人抢劫了。”李兆从打完电话后焦急地说，花一天一个价钱，“说不定什么时候就掉价了”。

帮李兆从经常拉花的司机是熟人，价格比较便宜，若从外面包车，一车花没有三四百元根本下不来。

几经周折，他终于找到了一辆顺风车，一筐花60元钱。狭小的小货车内连带司机一共挤了9个人。

车内，几位花农一直在兴奋地讨论当天的价钱如何，又能赚多少钱，但一路上李兆从显得很沉默，今年他能否保住投资的本钱，到现在都是未知数。

“按品种分，‘超玫’一亩一年地要投入8000元左右，而每亩‘主教’一年也要投入近四千元。”李兆从说，去年一共投了五六万元进去，再加上4个人平时的生活费、土地的租用费用，大约需要七八万元的成本。

下午2点，货车抵达岭南花卉市场。19元一束，这是当天玫瑰的花价，比前一天跌了一点。但从几名花农的脸上看得出来，能卖上这样的价钱，他们仍旧很高兴，虽然他们每一束花要交给中间商一块钱，而且他们还要再帮中间商包装、打包。

由于忘记戴手套，李兆从只得赤着双手，用纸板将151束玫瑰花包装。这天，他一共收入2718元。“不算多”，李兆从说，“就看广州花市了”。

昨日，广州花市开锣，李兆从一天送出去200多束花，每束花收20元，差不多收入5000元。“希望每天都能多卖一些。”

春节要照看花园，也希望借着迎春花市赚上一笔，李兆从今年又无法回家过年了，也不能和一手把他带大的爷爷团圆，“只好等赚了钱，再回去孝敬老人家了”。

【过年账本】

支出：

●“超玫”每亩投入8000元左右，每亩“主教”投入近4000元，共约投入5.5万元。

●运输、土地租用、人工，年投入约3万元。

●家庭生活费，一年约1万元。

收入：

●花市开张前，整年收入约6万元。

●花市第一天，收入5000元。

【新年愿望】

●李兆从：希望春节花市大卖，扭亏为盈，然后扩大种植，请几个工人，老妈和堂弟不用再干活了。

（撰稿、供图：《南方日报》记者龙瀚　统筹：谢苗枫）

幸福账本

惠州山水优美、生态和谐的组团式城市风格日趋明朗，市区居民普遍从家门口步行5分钟就能够见到水、见到公园、见到绿地。“白鹭天上飞，鹧鸪湖边啼；家在花园里，城在山水中”成为其生态优美的真实写照。

回迁记

传承古村九百载　今迎新村第一春

——猎德村村民李阿姨一家回迁新家过新年，拿分红金，享团年饭

今天是农历大年三十，猎德回迁户难掩兴奋，这是村民们回迁后的第一个春节。

古老的牌坊和祠堂守护着现代的高楼（摄影：卢汉欣）

2010年11月21日，在猎德村南牌坊海文路，猎德村民大张旗鼓地举办回迁后的808围入伙庆典宴。猎德村的3300多户村民真正告别了“握手楼”、“贴面楼”，住进了设施逐渐完善的小区式新房。

“耕道而得道，猎德而得德”。祖先寄语猎德人要追求完美的道德，如今他们创造了近乎完美的城中村改造。

新村　做梦也想不到的变化

历经三年的改造后，猎德村以猎德大桥和新光快速路为界，被分为桥东、桥西和桥西南三部分：桥东为总建设用地13.1万平方米，由37栋高层住宅组成的复建安置区，桥西南给村建设酒店并安置部分集体物业，桥西地块拍卖融资共得46亿元，这笔收入用以支付猎德村三年的改造。

从2007年9月开始，作为城中村改造的先行者，猎德村模式一直备受关

很多人不相信这是一条古老的村子。李阿姨每天在阳台上望出去的时候都还觉得有点不可思议

幸福账本

根据国家互联网中心的统计，2010年广东农村上网人数达到1600多万人，占整个互联网用户的1/3左右，随着互联网的进一步普及，会有更多的农民“放下锄头点指头”。

注。2010年火红的鞭炮齐鸣后，猎德回迁工作宣告完成。

去年9月底，作为第一批回迁的猎德村村民，李阿姨与小女儿小雨从租住的冼村搬进现在崭新亮堂的新居，2009年9月结婚的儿子穗生也带着妻儿从番禺搬回猎德。

和石牌村、杨箕村一样，以前的猎德村也是出了名的“握手楼”、“贴面楼”，一推开门就到了对面屋，打开窗户就能够得着邻居的窗和墙，一只过街老鼠可以轻松吃到百家食。

李阿姨原来的房子只有3层，实用面积仅30平方米。“一楼放大型家具，二楼住一双儿女，三楼则是大人住的地方，到处满满当当”。

城中村改造后，根据“拆一补一”的原则（即拆1平方米合法产权证明的房屋，补1平方米复建房屋）李阿姨旧房面积换到了两套新房。第一套实用面积是60平方米。记者到访时，不满一周岁的孙子在客厅里到处爬。

另一套实用面积50平方米，更靠近猎德大桥，23楼的位置刚好对着海心沙和广州塔，风光无限好。亚运会闭幕式那天，全家人聚在23楼看烟花，绚烂的烟花映照着他们灿烂的心情。

春节前，与村民生活最为相关的菜市场已经投入使用，距家不过5～8分钟的路程，中小型超市也已开业，另外猎德新村小区规划里还有广场、花园、游泳池、羽毛球场。穗生说：“做梦也没有想过猎德村会有这样的变化！”

热闹　子孙共享分红年夜饭

今年春节，李阿姨会见到很多童年后便散失的挚友，他们一家也恢复了很久没有过的热闹。

去年的入伙宴上，很多移居海外的猎德人专程回来参加，李阿姨见到了十余年未见的同学，有的决定今年在新猎德过年。当然，最让她高兴的事情莫过于儿子穗生回到了猎德，回到了自己身边。

有了儿子一家在身边，李阿姨的生活只有一个重心：买菜、做饭。儿子住在番禺时，她只需要随便做两三道菜就凑合，但是现在不同了，媳妇孙子在家里，李阿姨还要熟悉他们的口味。但对于这样的改变，她心里一百个愿意。

一套房已经足够一家人住了，李阿姨以每月2000元的租金将50平方米的房子出租。这样一笔额外的收入让他们一家笑开怀。

李阿姨共7个兄弟姐妹，每年都会全家集体外出吃年夜饭，而负责这餐年夜饭的“大财主”是穗生的外婆。

猎德村回迁时在祠堂前摆起200席饭桌，一片欢腾景象

幸福账本

2011年广东省将实施重点文化惠民工程，推进更多的博物馆、纪念馆的免费开放，探索扩大音乐厅、美术馆的公共服务场所的惠民服务。

原来，猎德村有个规矩，凡是1994年以前出生的具农村户口的猎德村村民，都有终身制的年终分红。

外婆在世的时候，为了使儿女能一年团聚一次，就用自己的分红请儿孙们吃年夜饭。2007年外婆去世了，年终分红本应由子孙继承、分摊，但子孙们选择原封不动，就拿这份分红继续聚餐。于是，每年一度的温馨年夜饭便成了一家人最期待的节目。

“今年的分红有1.8万元，比往年多，前年是1.2万元。”穗生笑着说，“村委早前承诺说会不断地增加！”

李阿姨春节的日程排得很满，一直排到了正月十五，那天有李氏家族在李氏祠堂的聚餐，“已经交了筷子金了，每人十元，楼下的宣传栏也贴出了通知”。

传统　都市中读出猎德味道

青石板、祠堂、古木是被称为“岭南周庄”的猎德村九百年历史的见证，对猎德村的文化遗址和民俗，猎德村民深有体会。拆迁前，村民每年都可以看到猎德村舞狮队的队友们雄姿英发的身影，听到曲艺社的社员们情真意切的演奏，但现在怕是要等上几年才能再欣赏。

“以前，整栋房子都是自己的，小时候怎么疯跑疯玩都可以，现在不允许了，市政路把村落分成了块状，村子已经相对独立了。”小雨回忆昔

猎德村的炮台是其中一个最古老的地方

日的猎德生活。

屋子变大变亮堂，环境也变好了，但鸡犬相闻的日子逝去了。新建的市政路，宽敞的过道，拔地而起的建筑，已经客观上拉开了人与人之间的距离。“饭菜再飘香，也没办法传到另外一家了。”

年轻的穗生也提出了自己的疑虑：不知道猎德村以后会变成什么样，文化还能不能保存好。好在政府在改造规划的过程中，整合了现代与传统两种文化，猎德人依旧能从繁华中辨出老猎德的味道。

祠堂拆而不迁，花大力气把原来的祠堂整体迁移过来，目的在于使村民有个“发思古之幽情”的地方；龙舟埋在新建的龙舟湖底部，农历四月初八，龙舟照旧会被吊起来，于端午节前后举办一年一度的龙舟盛典；修葺一新的龙母庙、华光寺、大社三座神庙静静伫立在猎德大桥旁，三种不同的宗教信仰在这里和睦共处。

广州亚运开幕式上咚咚敲响的“猎德鼓”名扬亚洲，已经奏响了猎德追求幸福的强音。

在建的龙母庙门口，有一尊大炮，那是沉淀着历史的猎德炮台。小雨解

幸福账本

截至2010年底，广东省公路总里程近19万公里，其中高速公路4835公里，有力地促进了粤东西北地区与珠三角的联系，为促进区域经济协调发展起了很大作用。

释说这意味着好运会从上往下毫无阻碍地直冲下来。无论迷信与否，这尊大炮，这座大桥，这些祠堂，会默默地见证着新猎德的变化，守护着珠江的子女幸福繁荣，生生不息。

【账本】

2010年9月底搬迁至2011年1月底。

收入：共计114 000元。

- 房租：每月2000元，共8000元。
- 分红：李阿姨、穗生、小雨每人18 000元，共54 000元。
- 工资：穗生一家每月13 000元，四个月共52 000元。

支出：共计60 000元。

- 新买家私，约25 000元。
- 李阿姨日常开销，每月2000元，共8000元。
- 穗生一家日常开销每月5000元，共20 000元。
- 小雨夜校费用，一年3000元。
- 小雨个人花销，每月500元，四个月共2000元。
- 购置年货约2000元。

结余：54 000元。

【新年愿望】

- 李阿姨：家庭幸福安康，子女顺顺利利！

（撰稿、供图：《南方日报》记者赵洪杰，实习生叶雯　统筹：谢苗枫）

幸福地图

□ 扩大内需战略，就是要补齐短板，改变过于倚重外向带动的格局，促进内外需协同拉动经济增长。

□ 自主创新战略，就是延续科教兴粤的工作重点，强调经济发展要从“要素驱动”向“创新驱动”转变。

□ 人才强省战略，就是着眼于弥补我省物质资源短缺，抢占人才高地，促进由人口大省向人力资源强省转变。

□ 区域协调发展战略，就是要着力破解制约我省科学发展的“老大难”问题，提升珠三角带动东西北，从根本上缩小区域发展差距。

□ 绿色发展战略，就是要适应当今时代潮流，更加注重生态环保，提倡绿色低碳发展，增强发展可持续性。

□ 和谐共享战略，就是要强化经济发展的根本目标和最终落脚点，让全省人民共享改革发展成果，共建社会和谐稳定。

广州：后亚运的幸福

广州市市委书记张广宁

幸福指数是个涵盖方方面面内容的综合性指标体系，提出甚至完成这个目标，对我们各级党委、政府是个极大的挑战。建设幸福广州是个很高的要求，要牢固树立民生导向的社会发展理念，把建设幸福广州贯穿于各项工作的全过程，特别是在创新社会管理与服务、提升社区服务人性化精细化水平，完善城市建设管理长效机制、改善人居环境，增进民生福祉、加快北部山区发展等方面下工夫，切实为市民群众办实事、做好事、解难事，使市民群众共享改革发展成果，不断提高市民群众的满意度和幸福感。

广州市市长万庆良

幸福广州应该能够体现五味：一是生活有甘甜味；二是环境有清新味；三是事业有成就味；四是社会有人情味；五是文化有高品味。

五大方面给力“幸福”：一是经济要增强实力；二是环境要充满魅力；三是民生要彰显给力；四是创业要充满活力；五是社会要形成合力。

亚运之后，广州幸福吗？

2010年11月27日，亚运在海心沙挥别广州，而1400万在广州的人们，也逐渐回到正常的生活轨道上。平淡的一日复一日，广州在延续着自己的脚

幸福小札

海上生明月，天涯共此时。
情人怨遥夜，竟夕起相思。
灭烛怜光满，披衣觉露滋。
不堪盈手赠，还寝梦佳期。
——张九龄《望月怀远》

步。我们看到广州人依旧平和努力地生活着，带着盛会留给我们的焰火余香，每一个在广州的人都经营着自己的一方天地，不管你来自哪里，这里都有一种家的感觉。

一直默默穿过广州的珠江，似乎也有一种广州的性格。无论多大的台风，她总是不会惊涛拍岸，吓到在江边两岸散步的情侣；无论多大的潮汐，她也只是会漫过岸边，在沿江路浸泡几天，这时候从电视新闻里就会看到小孩子们欢快地在江边踢着水，咯咯地笑着。

每年七八月，是广州最炎热的时节，广州市的党政领导就会在这个时候率领数千市民游泳横渡珠江。和当年毛主席畅游长江人定胜天的豪气不同，如今一年一度的横渡珠江，更多的是和这条可爱平静的城市河流的一次拥抱。2010年的渡江活动，因为要迎接亚运，群众反应是这么多年来最热烈的。广州人就是这样，平时专心于自己的生活，但是一有机会，他们不会吝

“激情盛会　和谐亚洲”已经成为广州人最亲切的一句口号（摄影：黄红丽）

步行街是广州人体现幸福的地方（摄影：李卫东）

畜自己的热情。在游泳选手们上岸的一刻，看着他们绽放的笑脸，和他们对珠江水质一年比一年好的赞叹，我分明感觉到他们那种生活在广州的自豪和满足。也许他们不知道珠江是中国的第三大河流，但是他们知道珠江是他们最亲最可爱的一条河，能够享受珠江每年一次的拥抱，可以说是身体力行地投入到广州的生活里了。

广州的吃是最出名的，广州人的菜市场也是充满幸福的地方。随着亚运而来的菜市场环境改造和严格的食品卫生监督，是每一个买菜的广州人都亲身体会到的巨大改善。来自全国的鸡鸭禽肉、菜蔬瓜果，全都让买菜的老广们碰上选择困难，广州话有个词叫“花多眼乱”，就是形容这种好东西太多的境况。记得亚运时候的电视新闻，播出了亚运村运动员食堂的自助餐，确实是琳琅满目，果然不辱广州美食之城的名声，但是相信老广们都不觉得稀奇，因为广州人的菜篮子从来都是丰盛的。每一个在菜市场满载而归的广州人，提着的都不单只是肉和菜，还有满满的安心和富足，这一份沉甸甸的幸福，每天都随着那只菜篮子，传递给家里的每一个人。

亚运带给广州的又何止这些？亚运对广州来说不单只是一场运动会，还是一个机遇，一次让广州梳理两千年来的城市之光，重新出发的加油站；亚运带给广州的不是席卷而去的一阵风，而是广州精神的升华。倾全城之力举办的这次盛会，不但没有消磨广州人那些内敛的小幸福，反而使这些幸福变得张扬，变得更加热烈。

亚运，为广州留下永不褪色的一抹亮色，这，是广州的幸福。

（撰稿：王亮）

幸福小札

昔日龌龊不足夸，今朝放荡思无涯。
春风得意马蹄疾，一日看尽长安花。
——孟郊《登科后》

幸福广州

作词:阳 羽 远 山
作曲:王厚明

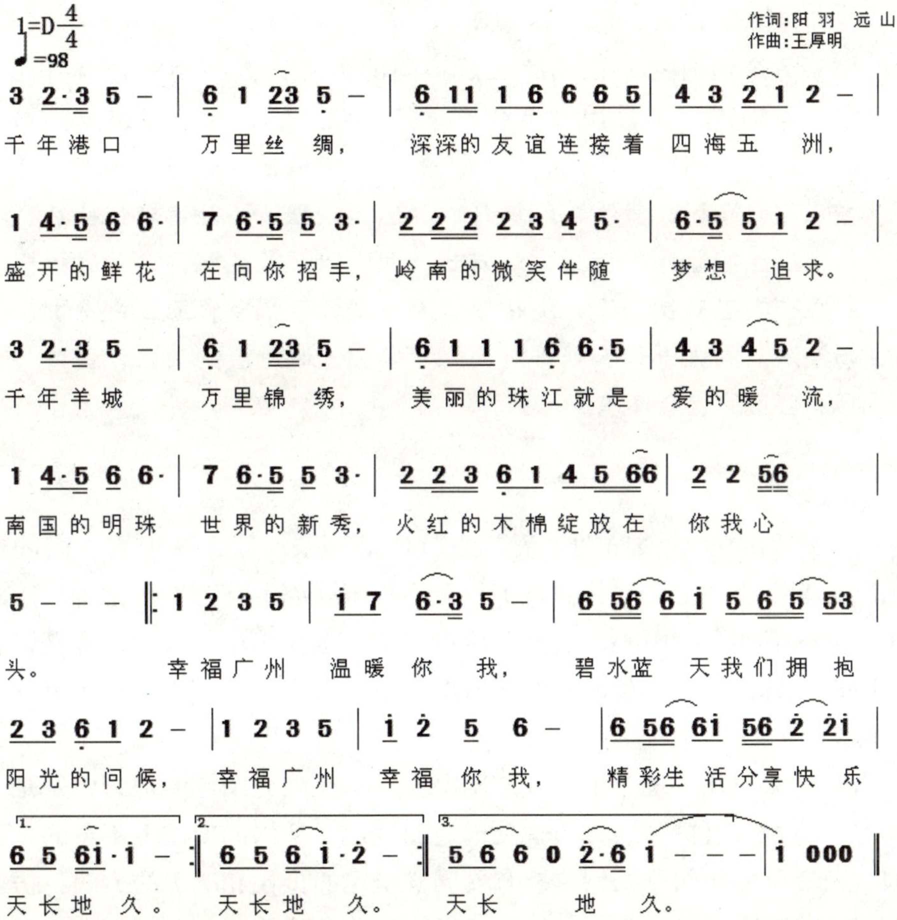

深圳：追逐梦想的天地

深圳市市委书记王荣

每个地方对幸福的感受是不同的，应该因地制宜，有针对性。深圳是一座移民城市、改革开放城市、市场化程度高的城市。首先，与广州不同，深圳人的移民感较强，感觉心不定，要增强家园意识；其次，深圳开放理念比较强，不能追求炕头热、封闭自己偷偷乐的传统生活方式，而应以开放的胸怀、包容积极的心态去应对快节奏、新挑战，追求现代幸福感；第三，深圳市场经济活力强，但要处理好公平竞争和法制社会的关系，营造公平、公正的社会环境。

打开深圳的地铁线路图，看起来就像是一条河流，从世界之窗的南山区顺流而下，经过生机勃勃的竹子林，为香蜜湖添上芬芳，再把福田区的福气和幸福，带到市民中心，最后汇聚于罗湖。这座城市，有山，有湖，有竹林，还有老街和剧院，难怪五湖四海渴望幸福的人们，都来到这里追逐自己的梦想。

当然，深圳并不是一个让人悠闲漫步，享受湖光山色的地方，她是一座激发人的动力，用自己的努力享受创造的城市。从深南大道上不息的车流，到国贸一带行色匆匆的人们，都有着同样坚定的步伐和明确的方向，仿佛人人都在充实地忙碌着，个人奋斗与建设国家的殊途同归，在深圳那一栋栋忽然拔地而起的高楼和迅速现代化的城市建设中得到最好的体现。这种用自己的劳动换来的沉甸甸的收获，可能是深圳最有魅力的地方吧。

幸福小札

剑外忽传收蓟北，初闻涕泪满衣裳。
却看妻子愁何在，漫卷诗书喜欲狂。
白日放歌须纵酒，青春作伴好还乡。
即从巴峡穿巫峡，便下襄阳向洛阳。
——杜甫《闻官军收河南河北》

越来越多追梦人在深圳找到家的感觉

全国的追梦人都来到深圳这个小渔村，用三十多年的时间，把她变成今天这个人人大展拳脚的试练场，可以说20世纪80年代初中国那一群最早敢于追求幸福的人们的宏愿，今天终于实现了。

深圳是一个没有历史负担的新天地，三十年前就把当时的深南路修得几乎跟长安街一样宽，好让那些来这里驰骋的骏马，有足够广阔的空间。相信每一个来深圳闯荡的人都有一种惺惺相惜的感觉，大家既可以是一起打拼的战友，也可以是互相促进的好对手。在中央公园的落羽杉下，擦肩而过时相视一笑的陌生人，心中是不是都在计划着追逐理想的下一步？

在莲花山公园的大草坪上，经常可以看到放风筝的人们。远处就是一栋栋鳞次栉比的高楼，有的高耸，有的雄卧，风筝在天上飞着，仿佛飞在一座未来城市的上空。今天的深圳，谁说又不是中国的未来呢？

（撰稿：王亮）

珠海：海上云天，天下珠海

珠海市市委书记甘霖

“率先转型升级，建设幸福珠海”，其中，转型升级是手段，幸福珠海是目的，而具体就是要增加珠海人民的“五感”，即物质富足感、人身安全感、利益公平感、心灵归属感、主人翁自豪感。

珠海与深圳就像一对姐妹一样，她们的前身都是浩瀚南海边上的渔村小镇，20世纪70年代末又是同时起步的经济特区，同是万众瞩目的明星城市，成为中国改革开放时代的一个经典标志。但这两座城市走的却是并不完全相同的道路，她们以各自的精彩，为20世纪的中国留下了丰富多样的话题。

当全国许多大中城市都在不断兴建高楼大厦、不断兴建高架桥，追求世界第一高度和更大的容积率，不断刷新着城市的天际线时，珠海却以一种从容淡定的姿态，精雕细琢地把自己建设成一个“海上云天、天下珠海”的花园式海滨旅游城市，一个让人一看就想在这里安家的美丽地方。

珠海人深谙与大自然相处之道。有一个关于珠海的故事，流传很广。据说珠海最初修筑情侣路时，有人为了好看，把路修得笔直，但每次都被海潮冲垮，后来人们才憬然醒悟，海岸的弯曲，自有它的道理，大自然已经把最完美的曲线画出来了，干吗还要另辟蹊径呢？于是，人们在该弯曲的地方弯曲，该笔直的地方笔直，按照大自然的规划，把这条长达28千米长的情侣路，建成了海岸线上一道永不消失的彩虹。

在珠海人的心目中，时间是有起点的，但情侣路是没有起点的；生命是有尽头的，但情侣路是没有尽头的。人海茫茫，能够与相爱的人相遇，已是

幸福小札

雨里鸡鸣一两家，竹溪村路板桥斜。
妇姑相唤浴蚕去，闲着中庭栀子花。
——王建《雨过山村》

优美的生态环境为珠海人带来浓浓的幸福感

千百世修来的缘分，能够携手走到天涯海角，走到地老天荒，谁说不是天底下最幸福的事情呢？

那些热带的棕榈在风中摇曳，鲜美的芳草在雨后怒发，四望天水共色，荡荡苍苍，呼吸芬芳四溢，任意东西。海浪触石，洪波涌注，潮涨如歌，潮退如吟。而手捧宝珠的渔女塑像，伫立于海潮洄洑之间，仿佛沐浴于暖暖的轻风与阳光之中，一种“面朝大海，春暖花开”的感觉，油然而生。

作为一个城市的生命历程，三十多年还是青春无敌的岁数。珠海没有一味追求成为区域经济的巨擘，1999年，许多城市还在为每一个百分点的GDP如痴如醉，联合国人居中心却授予珠海“国际改善居住环境最佳范例奖”，成为中国第一个获此殊荣的城市。这就是珠海特有的城市品牌。

如果以GDP论英雄，珠海也许比不过许多大中城市，但珠海有珠海的特色，她的宁静安详，她的端庄娴雅，她的悠然自在，就是她独有的身份标识。城市应该是千姿百态的，并不只有一种模式，也不是非要个个都建立大而全的工业体系不可。珠海人很清楚：生态的文明、人的身体与精神文明的价值，要远远大于工业文明的价值。

人与自然和谐共处，万物乃得以生生不息。而人的道德精神亦得以充实提升，最终完成其人性、人格、人文。在珠海生活的人，有福了。

（撰稿：叶曙明）

汕头：红头船·梦之谷·牛肉丸

汕头市市委书记李锋

弘扬“特区精神”，必须按照特区的要求和标准，办特事。要围绕“加快转型升级、建设幸福汕头”的指挥棒，坚持以民生事业和人民群众幸福感为依归，自己努力，自加压力，形成倒逼机制，以民生需求倒逼思想观念转变，倒逼经济发展方式转变，倒逼体制机制，倒逼政府职能，倒逼投资软硬件环境。

它是潮汕海外游子的红头船，它是作家萧乾的梦之谷，它是普罗大众的牛肉丸。

它的名字叫汕头。

听宋祖英深情演绎《红头船》：

天连着海，海连着天
离别家园红头船
为了过上好日子，好日子
阿哥下海到天边，到天边
红头船近，红头船远
心里有个爱，牵挂到永远

红头船，讲述潮汕人的艰辛与开拓，诉说潮汕人的勇敢与深情。

在青年萧乾的心中，汕头是他这个异乡人的梦之谷，与他的初恋一起留在现代文学史的记忆中。其实，它何尝不是客居他乡的潮汕人的梦之谷？

幸福小札

我有一所房子，面朝大海，春暖花开
从明天起，和每一个亲人通信
告诉他们我的幸福
那幸福的闪电告诉我的
我将告诉每一个人
——摘自海子《面朝大海，春暖花开》

汕头开通对台货运直航，红头船今天换新颜（供图：《南方日报》）

在普罗大众眼里，想起汕头就想起汕头牛肉丸。这个牛肉丸很生猛，掉到地上能弹起三下，呵呵。

（撰稿人：黄红丽）

两个老太太站在乡村的池塘边，是在等待儿孙归来，还是在遥望过去的岁月？（摄影：黄红丽）

佛山：佛在山中，禅在城中

佛山市市委书记陈云贤

佛山要在制造业、智慧城市上领跑广东，“力争”在幸福感上领跑广东。谈到幸福感的重要性，陈云贤举了个例子：“我在顺德当书记的时候，有家外资企业进来，我对他们说顺德发展成本已经比较高，为什么还要进来？他们说，这里教育体系比较完善，社会治安有保障。我来这里发展，家也能安在这里。”

佛山，又称禅城。从字面上想象，似乎是一个佛教圣地，如同莲花一般清馨宁静。其实，佛山是一个红尘滚滚的繁华商镇，早在宋代开始，就与河南朱仙镇、湖北武汉镇、江西景德镇并称中国的“四大名镇”。清代中叶，号称“天下商贾皆聚焉，烟火万家，百货骈集”，与北京、苏州、武汉并称“四大聚”。

商业繁盛，民间的文化生活，自然也是多姿多彩的。2006年，广东省公布了第一批非物质文化遗产代表作名录，在78项的名单中，佛山就占了8项：剪纸、木版年画、醒狮、粤剧、龙舟说唱、石湾公仔、祖庙北帝诞、秋色。还有木雕、砖雕、灰塑、刺绣、金花……在佛山人的集体记忆里，这一个个名字，本身就带有很强烈的色彩感与音乐感，一下就把人们带入了“万派鱼龙舞绛霄，喧阗箫管杂云韶”的欢乐场景之中。

能够生活在这样一座有声有色的城市里，是幸运的。因为它的传统文化底子很厚实，而它的生活方式又很现代，既充实又多样化。行走在祖庙商圈、普澜商圈、南海广场商圈、城市广场商圈、三水文峰商圈，让人目眩神

幸福小札

清江一曲抱村流，长夏江村事事幽。
自去自来梁上燕，相亲相近水中鸥。
老妻画纸为棋局，稚子敲针作钓钩。
但有故人供禄米，微躯此外更何求？
——杜甫《江村》

迷。马路上、商场里、巴士、的士、地铁，乃至居民住宅小区的电梯口，到处是全天滚动播放各种商业广告的电视屏幕；大大小小的名牌专卖店，每天都有新品上柜，五花八门的时装发布会、美容产品发布会，你方唱罢我登台。大量的新观念和新习俗，不断更新人们的生活。这正是城市的主要功能之一。文明因此而成长，这个世界也因人们的梦幻与追求，而像花团一样，一簇一簇地灿烂盛开着。

要真切地感受佛山人的欢乐与梦想，那就在正月十六和他们一起“行通济”吧。佛山有一句俗话：“行通济，无蔽翳”（粤语“蔽翳”意为忧愁、郁闷之意）。这是一个很古老的传统，在元宵节的第二天，夜幕降临、华灯初上之际，几十万的佛山人，扶老携幼，带着鲜花、风车、风铃、花灯、生菜，拥到通济桥头，连绵数里，笑语盈路，把寒冷的夜晚搅得热气腾腾。

“行通济”寄托了佛山人对国泰民安、生意顺利、心想事成的期望。相传“行通济”是不能走回头路的，而且一走就要连走三年。这种习俗仿佛也蕴含着深意，我们在追求幸福时，不也需要有这种“往前走，莫回头”的勇气吗？

女孩咀嚼着甘蔗，也咀嚼着节日的甜蜜（摄影：黄红丽）

2010年，佛山的人口已达569万。这569万人，生活在同一个城市，编织着569万个不同的梦想，五光十色的梦想，平凡或不平凡的，细小或宏大的梦想，时时刻刻都在红尘中沉浮涌动。有的梦想成真了，有的破灭了，有的迷失在五光十色的都市里，有的已被人抛诸脑后，但明天又有无数新的梦想在萌发酝酿。一幕幕缤纷精彩的生活之戏，就这样轮轮回回，在通济桥畔演了又演。

听，欢快的佛山人在歌唱：

行通济个个争住嚟，
一家老少，感受气氛，
共转着风车，花灯送好运。
看花看灯，摸狮耳仔，就格外兴奋。
……
行通济个个欢乐行，
开心细佬哥表情最真，
愿带着花灯，天天送好运。
你睇你睇，花灯报喜，仲有月光衬；
一起欢呼心意共印！

（撰稿：叶曙明）

幸福小札

故人具鸡黍，邀我至田家。
绿树村边合，青山郭外斜。
开轩面场圃，把酒话桑麻。
待到重阳日，还来就菊花。
——孟浩然《过故人庄》

韶关：关不住那春色满园

韶关市市委书记郑振涛

幸福韶关这一目标的实现需要全市人民共建共享，而且这一目标应该成为全市人民共同的愿望和行动。作为政府，要从保护城市的青山绿水开始，重视绿化和治污工作，在交通、教育、医疗、社会保障等方面提升市民的幸福感。要坚持走生态发展道路，拒绝走先污染后治理的老路子，探索一条有韶关特色的生态发展之路。

关口有时是一道门，有时是一座城，守护着门内的人，庇佑着城里的山、水、粮食、物资和文明。五岭是岭南一方水土与中原广袤天地之间的天然屏障，这道屏障并非密不透风，更像是上天飘落的青纱，层层叠叠，雾里看花，始终保持着距离感，而韶关是这道屏障的关口。

山最宜做关，韶关是山城，九峰、五山、红山、帽子峰、顿岗、黄坑，一个个地名昭显着重峦叠嶂奇峰异石，从北方前往广东无论是铁路还是公路都必定要翻山越岭，隧道，一个接着一个，时而山间行走，时而山中行走；山路，盘旋而上，又盘旋而下，路随山行，蜿蜒向前。百越通衢，粤、湘、桂、赣各省互连互通，出粤或是入粤，韶关是来往的第一道关口，翻过山岭便是另一番天地。山窝窝里生活的人，开门见山，一亩三分地，祖辈生活繁衍之地，走出去的人渐行渐远，留下来的人知足常乐。

水绕着山走，游溪、秀水、江头、水口、扶溪、澜河一溜与水相关的地名在韶关境内俯拾皆是。北江东源浈水出赣，西源武水出湘，两源南流在韶

不炼金丹不坐禅，不为商贾不耕田。
闲来写就青山卖，不使人间造孽钱！
——唐伯虎《言志》

关汇合后始称北江，城区中的一叶孤岛像是一个里程碑，两江汇合于此，湘赣粤文化融汇于此。水把人家带到水边，畔水而居，打捞上来的是客家人初到五岭山麓的基础和希望，离井别乡、长途跋涉的艰辛得到了释放，存储够了歇脚的理由，就在此涧立足生根，让去寻觅更宽广水源的人们拥有了思乡的对象。

诗意伴随着山水留驻粤北，丹霞、珠玑、云岩、枫湾、闻韶、廊田等等地名听着就觉得此地引人入胜，移步换景，丹霞地貌、卡斯特地貌，山岭峡谷盆地，变幻且奇特，各县各镇都有别样风光，村口枝繁叶茂的大榕树更是诉说着客家人的勇气与信念。客家人客居于此，坚守这九山半水半分田，的确需要浪漫和豁达的情怀。

一方水土养一方人，邓坊、周陂、罗坑、黎口、黄坑、董塘这些以族群姓氏命名的地名是一个个宗氏落户南粤的见证，他们自成一派，在迁徙过程中演变出独特的文明，中原习俗本地化，话语中残存着的古汉语痕迹，不经意间流露出与中原大地千丝万缕的亲缘。居于斯，安于斯，守着关口，守着宗祠，静待寻根的人们不远千里，纷至沓来，迎客，送客，当年的客人，变成了如今的主人。

愿地如其名，太平，全安，百顺。

（撰稿：黎捷）

湛江：伴海而生的幸福

湛江市市委书记刘小华

“胸怀理想谋大事，苦干实干续辉煌”，奋力争当粤西振兴发展的龙头，这就要强化几种意识：一是要强化忧患意识；二是要强化龙头意识；三是要强化机遇意识；四是要强化实干意识。湛江第一要全力加快发展；第二要保持绿色发展；第三要实现和谐发展。

湛江东出南海，西临北部湾，南与海南岛相望，海岸线长达1556公里。被碧蓝海水三面环绕的湛江在大海的怀抱中生长，也孕育了这座城市如大海般开放、悠扬、安宁的性格。

一进湛江市区，便能看到公路两旁美丽而修长的棕榈科植物，扑面而来的热带气息，让人感受到这座海滨城市悠闲的情调。大海养育了这座城市，这座城市生活的各处也充满了海的气息。椰风海韵，满街开着火红花朵的凤凰树，现代化的城市掩映于绿树成荫和南国的奇花异草之中。人们走在海滨大道上，可以听到海的声音。时代广场、海滨公园、观海长廊……人们在这里小憩，享受着海风的吹拂，放眼便是无边无际的大海。人在面对海的时候，那澄净深邃的蓝，那宽广的海面，仿佛能生出一种力量，放宽人的心胸，摆脱那些束缚捆绑心灵的俗念，用博大的精神沉淀人的心灵。与大海为伴，湛江人是值得羡慕的，他们的烦恼困扰有这样一个胸怀能容百川的聆听者。

作为海滨城市，少不了的当然是味道鲜美的海鲜了。各色鲜活的海鲜在

幸福小札

爆竹声中一岁除，春风送暖入屠苏。
千门万户曈曈日，总把新桃换旧符。
——王安石《元日》

收获幸福的海产（供图：《南方日报》）

这里的市场上应有尽有，物美价廉。百姓平常的生活丰富而有滋味，夜市上的烤蚝、炒粉长年飘香。入夜时分，三五知己结伴到路边夜宵摊喝点啤酒，吃碟烧蚝，谈谈天南地北，便也消去一天烦恼。在湛江每年一次的“美食节”上，市民们更是大饱口福，各式各样的美食总能吸引大批民众，场面热闹非凡。

继2007年，湛江于2010年再次被评选为“中国十大休闲城市”之一。湛江城市绿化面积不断增加，公园和社区园林绿地相继建成，空气环境、绿化水平在全国排第二，广东第一。湛江现在已不仅仅是“蓝色海滨城市”，更成为了“绿色园林城市”。

在这浸润海风、绿树成荫的城市里，湛江人的生活仿如海子诗中所向往的“面朝大海，春暖花开”。

（撰稿：蔡依纹）

肇庆：紫云墨海之都

肇庆市市委书记徐萍华

要努力做到勤政为民，坚持发展是第一要务，牢记全心全意为人民服务的宗旨，始终做到一心一意谋发展，聚精会神搞建设，千方百计保民生，坚持不懈强党建。建设幸福肇庆，要凝聚民心、鼓足干劲、真抓实干，决不做表面文章和短期行为。

说起中国文化，一定会说起文房四宝；说起文房四宝，一定会说起端砚；说起端砚，免不了就会想起美丽的肇庆山水了。

中国的城池，几乎都是倚山靠水的，水是第一要素，没有水的城是一座死城；山是第二要素，没有山的城根基不稳。肇庆古称端州，位于西江中游。连绵不绝的北岭山脉，从梧州蜿蜒而来，与浩浩西江相会，形成一个上乘的城市风水格局。中国幅员辽阔，千山万水，但山与水互为表里，一气相属，配合得如此天衣无缝的地方，却也并不多见。中国人常说“山主人，水主财”，正是这片得天独厚的山山水水，为肇庆构成了一个人财两旺，千年不衰的地理环境。

站在七星岩前、鼎湖水边，你会感受到肇庆山水有一种超乎想象的精致之美，可以入诗，可以入画，可以轻吟，也可以低唱。就像古人形容端砚一样：秋雨乍晴，蔚蓝无际；纯浑无瑕，晶莹油润；白如晴云，吹之欲散；松如团絮，触之欲起。用尽一切动人的词汇去描写，都不为过。

踏入21世纪以后，为弘扬民族文化，建设文化名市，肇庆市端州区联合中国文房四宝协会，成功举办了端砚文化节；2004年，中国轻工业联合会、

幸福小札

纤云弄巧，飞星传恨，银汉迢迢暗度。
金风玉露一相逢，便胜却人间无数。
柔情似水，佳期如梦，忍顾鹊桥归路。
两情若是久长时，又岂在朝朝暮暮。
——秦观《鹊桥仙》

中国文房四宝协会授予肇庆为唯一的“中国砚都”；2005年，端砚制作技艺成为国家级非物质文化遗产保护项目。从此，肇庆几乎所有的文化活动，都与端砚结缘。

每年的金秋10月，便成了肇庆人尽情欢乐的日子。随着端砚文化村旅游嘉年华开幕的鼓点，醒狮起舞，祥龙飞腾，处处张灯结彩，人人喜气洋洋，走在街上听到的是锣鼓声声，一连串的文化盛会接踵而来——端砚历史文化展、全国名家名砚展、端砚文化知识竞赛、端砚精品拍卖会……把这座有两千多年历史的古城装点得五彩缤纷，满目锦绣。

当我们融入欢乐的人潮时会一种强烈感受，所谓天人感应，原来是真有的。一方水土养一方人，这话说得一点也不错。有什么样的山水，就有什么样的人。在如此秀美的山水之间，即使没见过肇庆人，也可以想象得出，他们会是如何的美丽、如何的丰盈、如何的滋润。因为大自然是断断不会欺骗我们的。

如今，端砚已成为肇庆最富地方特色、最有文化品位、最具历史价值的一张“文化名片”。按照中国传统的说法，人与自然是血肉相连的，天地化育，生生不息，万物皆有德性，充满价值，与人德相通。端砚与肇庆人也是相通的。无论制砚、藏砚、赏砚、赠砚、咏砚，或以虔诚之心去用砚，都是人们在接受大自然馈赠时的一种感恩表示。能够得到大自然如此厚爱的肇庆人，怎么会不幸福呢？

（撰稿：叶曙明）

江门：在路上

江门市市委书记陈继兴

“敢想、会干、为人民”，把以人为本，增强人民群众幸福感作为各项工作的“指针”，贯穿于“十二五”时期乃至推动科学发展、促进社会和谐的全过程。”

也许江门人崇尚在路上的生活，至今有368万江门游子遍居五大洲107个国家，而留在本土的江门人有380万。相当于本土一个江门，海外一个江门。

不知道它为什么叫江门？明明是海边。上下川岛湛蓝的海水和绵白的沙滩是珠江三角洲最美的记忆。是指它是珠江的门户吗？岁岁年年，年年岁岁，有多少江门人漂洋过海，到东南亚，到欧洲大陆，到遥远的美加……又有多少江门游子，在遥远的他乡梦回五邑，在梦中品尝家乡的濑粉、荷塘冲菜；多少江门游子把浸渍异乡艰辛的积蓄汇往唐山，建桥修路造屋援助家乡办学……如今，历尽沧桑的开平碉楼以定格的姿态向我们讲述五邑游子的桑梓情怀。

我对于江门的认识，最初来源于两位江门籍牛人——陈白沙和梁新会。过去的中国人很有意思，人以地名，地以人传。一代大儒陈献章，因是新会白沙乡人，故世称陈白沙，原名倒少有人与闻了。梁启超是另一种情况。记得中学时代读《少年中国说》，读得热血沸腾。“梁启超曰……”这是在语文课本遇见梁启超。后来在历史课本又遇到梁启超——“公车上书”里的康有为梁启超。而后，在很多学人的文章里知道梁启超梁任公梁新会的故事，政治人物，学术人物，报人，导师，父亲，众多角色，梁启超无不生动出

幸福小札

杨柳青青江水平，闻郎江上踏歌声。
东边日出西边雨，道是无晴却有晴。
——刘禹锡《竹枝词》

江门开平雕楼具有深厚的文化底蕴

彩！

江门真是人杰地灵，海纳百川，出陈白沙、梁启超这种文化宗师，出冯如这种挑战极限的人，还有众多明星是从江门的血脉流出去的——刘德华、梁朝伟、张国荣、甄子丹、林子祥……

（撰稿：黄红丽）

茂名：为广东加油

茂名市市委书记邓海光

努力打造一个百业兴旺、充满活力的新茂名，一个在追赶发达地区的队伍中表现突出、成绩优异的新茂名，一个在媒体和公众眼中不断有好消息、不断有新亮点的新茂名，一个不断给力老百姓幸福感、自豪感的新茂名！要重点做好“六个着力”：一是着力维护社会稳定；二是着力做好表率；三是着力抓好班子带好队伍；四是着力推进发展方式加快转变；五是着力保障民生；六是着力抓好落实。

茂名这个地名的由来十分有趣。根据《高州府志》记载，西晋末年有个人叫做潘茂名，得到道士的一枚不死仙丹。作为报答，潘茂名每天尽力去东山采药，炼丹为民治病，同时又制造石船，救助水灾的灾民。后人为了纪念这位奇人，特意将他住过的山起名叫做潘山，他炼丹的地方就叫做潘仙坡。后来朝廷就建立了潘州，也就是后来的茂名县。一直到今天，这里都沿用茂名这个名字。

几千年前生活在这里的先民，就懂得种一些薯类等杂粮，用来充饥。为了充分利用粮食，人们便将杂粮用木槌捣成粉，加水搅成糊状蒸煮，蒸熟之后粮食的体积就会增加几倍，成为木薯糊、玉米糊之类的食物，相比直接嚼着木薯和玉米渣子，这样的食用方法已经是很大的升华了。直到今天，茂名人还会在每年腊月的时候制作这种传统食品，还把这种食品起名叫做“粄”。

幸福小札

一江烟水照晴岚，两岸人家接画檐。
芰荷丛一段秋光淡，看沙鸥舞再三，
卷香风十里珠帘。
画船儿天边至，酒旗儿风外，爱杀江南。
——张养浩《水仙子·咏江南》

工厂的路灯就是最亮的星光（供图：《羊城晚报》）

古时把杂粮加工成“糍”，今天把石油加工成驱动社会前进的燃料，茂名人遇到了历史上难得的巧合。很多人不知道，茂名的港口担负着广东省重要的石油和煤炭进出口任务，推动广东前进的能源，大部分都要经过茂名而来。今天的茂名，是我国华南地区最大的石化基地，也是广东省的能源基地，是广东力量的源泉。茂名人可以自豪地说：为广东加油，我能！

今天的茂名人，当然不再是从前靠薯类为生的先民。镇隆古书院的书香早已沁入茂名人的笔尖，石油工业的崛起壮实了茂名人的脊梁，给力幸福广东，有茂名的一份。

（撰稿人：王亮）

惠州：东坡邂逅惠州

惠州市市委书记黄业斌

建设幸福惠州，就是要让每一个惠州人过上更加幸福的生活，绝不是以牺牲部分人的幸福换取另一部分人的幸福。

“一自东坡谪南海，天下不敢小惠州。”一肚子不合时宜的苏东坡一贬再贬，来到岭南蛮荒之地惠州，东坡的不幸却成全了惠州。惠州的灵山秀水丰饶物产一经东坡品评，便流芳千古。

“日啖荔枝三百颗，不辞长做岭南人。”东坡轻赞一声，比在CCTV花一亿元人民币做100年广告还牛！从此，岭南佳果荔枝由村姑变身国家级美

惠州西湖是苏东坡灵感的源泉（供图：《南方日报》）

幸福小札

楚云寒，湘天暮。
斜阳影里，几个渔夫。
柴门红树村，钓艇青山渡。
惊起沙鸥飞无数，倒晴光金缕扶疏。
鱼穿短蒲，酒盈小壶，饮尽重沽。
——张养浩《普天乐·渔村落照》

惠州人至今保留着丰富的传统
（供图：《南方日报》）

女，不只是百姓的心头好，也成了宫廷嫔妃爱物。

东坡寓惠940天，留下诗187首，词18首，文363篇，书画20幅。惠州给予东坡灵思妙想，东坡回馈惠州千年美名。

韩愈莅潮八月，为潮州开教驱鳄，从此潮州山也姓韩水也姓韩。东坡寓惠九百多日，苏堤和朝云墓成为岭南百姓永远的怀念。滴水之恩，涌泉相报，广东人是懂得感恩的。

感恩的人是幸福的。

（撰稿：黄红丽）

梅州：山歌世代传

梅州市市委书记李嘉

全力加快绿色的经济崛起，建设富庶美丽幸福新梅州。要打好三场硬仗，即招商引资和园区建设、交通建设、扶贫“双到”；要突破三项重点，即宜居城乡建设要有新突破、重点民生改善要有新成效、文化教育事业要有新提升。

公元876年的夏天，李家媳妇拖着一对儿女，领着公公和婆婆，在烈日下走了几十里路，好不容易来到一处树荫，歇息下来。看着衣衫褴褛的孩子和老人，李家媳妇的心别提有多痛了。本来天下太平的大唐，突然横遭黄巢之乱，李家在河南的祖屋和农田一夜之间被烧成白地，就连家中的长子也被抓去充军，从此渺无音讯。无奈之下，李家只好随一众家乡父老，南下寻找安身之地。来到岭南地界，躲避战乱而来的众人也许已经无力再走，于是就在这里安顿下来。他们认为远离家乡终是客，渐渐地有了“客家人”这个名字。落地生根数百年，终于形成了今天客家人聚居之地——梅州。

很多生活在梅州的客家人，他们的祖先都有着跟李家大同小异的故事。也许躲避的战祸不同，也许迁徙来到梅州的年代有异，但是这里的人们都有着坚持传统、守护风俗这一共同点。梅州，也因此有了自己鲜明的个性。

客家的传统数之不尽，其中传唱千年的山歌也许是最广为人知的一种。客家山歌的唱腔有“九腔十八调”，这一说法并非虚词，每一个腔调都是有确切所指的，须知客家人本来就不是单一的民族，而是几千年迁徙而来、融合而成的独特人群，每一个客家人的祖籍都有自己的乡音。客家人唱山歌既

幸福小札

小桃枝上春风早，初试薄罗衣，
年年乐事，华灯竞处，人月圆时。
禁街箫鼓，寒轻夜永，纤手重携，
更阑人散，千门笑语，声在帘帏。
——李持正 《人月圆》

客家围龙屋围起了千年的幸福

不忘乡音，又相互交融，这种结合与坚守，体现的正是客家人的精神。

有人说梅州的客家人守旧，但是在今天这个令人眼花缭乱的时代，也许正是这种守旧，才能使我们不至于迷失在光怪陆离的新奇事物里；正是这种守旧，才能使我们在芸芸众生中分辨出自己，知道自己从哪里来，要到哪里去。这种坚守，或许可以算是创造幸福的客家人内心最坚实的后盾吧。

（撰稿人：王亮）

汕尾：海陆丰饶播茶香

汕尾市市委书记戎铁文

一是发展速度走在前面。说一千道一万，还是得总量上实现跨越；二是转变方式走在前面，没有科学特别的方法，不可能后来居上；三是区域合作走在前面，依托深汕特别合作区，创新合作模式、商业模式、管理模式，谋求高效率发展；四是宜居城乡走在前面，在发展经济的同时，城更美、水更清、路更畅、天更蓝；五是幸福汕尾走在前面，发展惠及最广泛群众，幸福感普遍提高；六是政务环境走在前面，干部干劲高、素质好、执行力强。

对很多人来说，海陆丰比汕尾这个名字给他们留下的印象更深，汕尾，更像是为了和汕头相对应才创造出来的一个名号。这个临海的城市，不但海面要丰饶，陆地也要丰收，这么大的口气，是不是汕尾人勇敢、开放精神的写照?

汕尾的地理位置很特别，一边是潮汕，一边是客家，在两股如此强势的文化的共同浇灌下，培养了汕尾人既传统又开放，既守礼又敢于战天斗地的特别性格，也带给汕尾人不一样的机遇和传奇。

说起汕尾，彭湃这位被毛泽东称为中国“农民运动大王”的代表人物是不得不提的。这位出身大地主家庭的革命家，能够接受先进的共产主义理想，跟汕尾人眼光开阔、勇于尝试新事物、新思维的性格是分不开的。彭湃在他的家乡，烧毁自家祖上传下的田契，组织乡亲父老大搞农民运动，这种破旧立新的勇气，实打实地体现出他作为海陆丰人的勇猛之势。“天上雷公，地上海陆丰”，从来都名不虚传。

每一篇介绍彭湃故居的旅游指南，都不会漏下擂茶这一味特色食品。潮汕文化与客家文化的交融，活灵活现地体现在汕尾的擂茶身上。擂茶并非汕尾独有，但作为客家特产的擂茶，在身为潮汕地区的汕尾出现，就有它的特别之处了。每一户地道的汕尾人家里，都会有一根擂茶的棍棒，用来把鲜茶叶、生米、生姜在擂盆中擂成糊状。日复一日，年复一年，一根粗壮的擂棍会渐渐纤细，实践着“木棍磨成针”的故事。

汕尾身处潮、客之间，享受着两种不同的滋润民风，这当中的苦与乐，正如那一碗擂茶，细呷、慢咽、再回味，每一口都有着咸香与甘甜的交织，你无法确切地说出这就是酸甜苦辣的哪一味，但是你知道，这就是擂茶之味，这就是汕尾之味。

（撰稿人：王亮）

海边是勇敢的汕尾人的出发点

河源：万绿水生活

河源市市委书记陈建华

建设幸福河源，就要从群众最需要解决的问题入手，针对群众最不满意的方面来改进工作，增加、提升群众原来比较满意的方面；需要我们从根本上来解决的，要及时地解决。这样的话，河源人民的满意度就会不断提高。

万绿湖所在的河源，是广东人耳熟能详的地方。这里除了为我们提供甘甜优质的饮用水源外，还为生活在当地的人们带来不一样的“水生活”。

河源的水当然不仅仅来自万绿湖，穿河源城而过的就是广东其中一条最重要的河流——东江。东江陪伴河源人生活的历史其实比万绿湖要久远得多，甚至可以追溯到人类逐水而居的新石器时期。

几千年来的河畔生活，自然为河源人留下了在河边才有的美丽风俗，例如七巧节。每年农历七月初七，这天的河源基本上是雨天，但是家家户户还是会趁雨稍小的时候去河里游泳，据说这天的河水可以除病祛疼，还有很多人把河水装回家，直接用来煮饭做菜。这天，很多老人家都会摘一些花泡在东江水中，用来给孙子孙女洗身，以祈求他们身体健康、快高长大。曾经听一位老人家说过，七巧节这天晚上，天上还会散落很多白色的星光，只要能把这些星光握在手里，就能得到东江的保佑，过上美满的一年。

除了东江，流过河源的还有广东另一条名江——新丰江。河源八景之一的宝江渔唱，指的就是这两江的景致。古时候的河源人，把东江和新丰江的汇合处叫宝江，亦称槎江。从河源现在的中山码头到七号码头的一片江面，过去每到傍

幸福小札

一竿风月，一蓑烟雨，家在钓台西住。
卖鱼生怕近城门，况肯到红尘深处？
潮生理棹，潮平系缆，潮落浩歌归去。
时人错把比严光，我自是无名渔父。

——陆游 《鹊桥仙》

万绿湖是河源幸福之源

晚都汇集了许多渔艇和客货船。入夜，点点渔火伴随着打渔人的尖细歌声，把槎江一带的夜色引入到一种无限幽思的境地，当中收获的喜悦仿佛今天还能感受得到。

河源拥有着名副其实的水之源头，千百年来无数的船只旅客，有人匆匆而过，有人被丰美的水源留在这里。对于从前务农为生的人来说，水意味着生活的保障，对于今天生活在河源的人们，水依然是他们最好的朋友，这是一种别处无法复制的幸福。

（撰稿：王亮）

阳江：沐浴阳光的城市

阳江市市委书记林少春

继续叫响“快马阳江”“幸福追赶”口号。幸福的内涵很广泛，既有物质上的满足，还有精神上的需求、社会价值观的实现等。阳江要实现“幸福追赶”，加快发展夯实物质基础是前提；推进依法治市，切实维护社会公平正义是重要保障。

相比于珠三角发达地区的城市，地处粤西的阳江在经济上相对落后。然而，在2011年1月26日中央电视台经济频道的《CCTV经济生活大调查》节目中，广东省入选“中国十大最具幸福感城市”的唯一城市，正是阳江。阳江人在哪里找到了幸福？当生活在大城市中的人们早已习惯了在让人眼花缭乱的高楼之间穿梭的日子，阳江明媚的阳光、纯蓝的天空或正是我们寻找的答案。

阳江当地的居民在接受采访时，谈到喜欢阳江的理由：“这里有山、有水，阳光很好，几乎天天都是蓝天。阳江的饮水质量、空气质量都是一流的。”阳江的生活节奏不快，人们生活悠闲。走在阳江的街道上、公园里，阳江居民沐浴着阳光，在这片澄澈的蓝天下，享受着属于他们的小生活。街头小吃店中，猪肠禄、妈仔、粉酥、十八子、豆豉腩肉煲……品种丰富香气四溢。上下班吃饭时间、逛街累时，走进小吃店，买一袋、点一碗，不需山珍海味，也已是一种生活的享受。

阳江的各大公园是市民们平日休闲的好去处。如阳江市区最大人工湖的鸳鸯湖公园，杨柳垂堤，花繁叶茂，楼台阁榭点缀其间，与绿树相映成趣，别具南国湖光韵味。许多市民常在园内漫步、闲聊，也有很多市民在此跳舞

幸福小札

采药归来，独寻茅店沽新酿。
暮烟千嶂，处处闻渔唱。
——陆游 《点绛唇》

晚霞照耀着幸福的阳江

健身。公园的南国风筝场上，更成为了展示阳江作为“风筝之乡”特色的平台，形状各异、色彩斑斓的风筝展翅高空、争奇斗艳。近几年，阳江市对风筝场进行了改造，改善了植被，点缀了人文景观，还安装了许多华丽的灯饰。每当华灯初上，风筝场溢彩流光，展现出美丽璀璨的夜景。

虽然阳江的财力和市民的收入水平比不上珠三角发达地区，但阳江生活的综合成本则要比这些发达地区低。阳江的商品房均价目前仍未突破每平方米4000元人民币，这远远低于珠三角发达地区的房价。市民说，近几年的市政道路工程使城市道路越来越宽广，改善了道路的交通状况，生活上班方便了许多。这一点一滴的改变正在市民的心中逐渐积累了幸福感。

不需要十分发达的经济，不需要十分繁荣的城市，市民的幸福渗透在简单的生活中，可以在最自然朴素的生活中寻觅。正如阳江市民所形容，“粗茶淡饭，鸟语花香”，幸福有时就是这么的简单、自然。

（撰稿：蔡依纹）

清远：香远益清何止鸡

清远市市委书记陈家记

建设幸福清远，增强人民群众的幸福感和自豪感，不是一个空洞的口号，并非遥不可及，而是一个完全可以实现的目标。要坚持以人为本，维护社会公平正义，保护生态环境，建设宜居城乡，改善社会治安，保障人民权益，畅通诉求表达渠道，满足人民群众文化需求，使“幸福”成为人民群众看得见、摸得着、享受得到的成果。

不知道清远的中学生们，在读到北宋周敦颐所著《爱莲说》中的“予独爱莲之出淤泥而不染……香远益清”这句时，会不会有似曾相识之感？广东地名中如此清脆爽朗之作并不多，连“清新”都是清远辖下的县名，看来清远此地的香气确实沁入了广东人的心脾。

说起清远，每个人都必定会回味起嘴角那一缕清香，还有那凉爽鲜美的滋味，这就是清远鸡的味道。高高在上、表面文章者，可以略过清远鸡这一名菜，但热爱生活、惜福乐品者，在尝过真正的清远鸡之后，是无论如何无法忘怀那特有的肉香和口感的。

白切鸡的鸡肉，蘸上细细切好的姜葱拌鸡油，入口凉快，是一种温柔的刺激。清新的姜葱味道既冲淡了浓郁肉香带来的肥腻感，又能把清远鸡特有的“鸡味”延长，仿佛是催化剂，帮助这美味的化学反应进行得更加持久而强烈。

多年以前，广东人曾经有“真鸡”、“假鸡”的说法。“真鸡”指的是

幸福小札

明月别枝惊鹊，清风半夜鸣蝉。
稻花香里说丰年，听取蛙声一片。
——辛弃疾 《西江月·夜行黄沙道中》

清远人善于吸收天地灵气（供图：《南方》）

真正的清远鸡，“假鸡”指的是饲料喂养出来的大种鸡，无论味道还是口感都跟吃虫子、青菜长大的清远鸡相差甚远。如果哪一家饭店的白切鸡被食客们吃出来是“假鸡”，这间店的口碑绝对会大打折扣了。

对一只鸡费如此的周章，值得吗？也许是因为古代祖先经历过太多的蛮荒岁月，广东人习惯了在山林小涧之间，寻找食物的真味。吃鸡要有鸡味，吃菜要有菜味，广东人对吃的这种态度，显得既脚踏实地又有所追求，在厨房对一只白切鸡的雕琢，比一身光鲜的穿戴更能带给广东人真实的满足感。

清远以鸡出名并不是偶然，除了上天赐予的山林，还有清远人那种对自然的坚持和理解。也许生活在清远的人们说不出什么是幸福，但是当他们安心地把那一口香滑的鸡肉吃进嘴里细细品味的时候，我知道他们心中泛起的就是这种感觉。

（撰稿：王亮）

东莞：不老的传奇

东莞市市委书记刘志庚

提高老百姓幸福指数，不要为眼前的利益牺牲长远的幸福。“加快转型升级，建设幸福广东”是政府未来工作的核心，就应该将工作定在老百姓最关心、最直接、最长远的领域，令老百姓获得实实在在的幸福。

凡到过东莞的人，都会一下子被它那个33万平方米的行政文化中心广场镇住。围绕着这个大广场，分布着规制宏大、建构俨然的人民会馆、展示中心、大剧院、博物馆、图书馆、艺术馆，让人无法相信不久前这里还是一个以莞草和水果闻名的农业县。也许，东莞人正是要透过这样一个超大尺度的标志性空间，表达他们对自己城市未来定位的心理期许。

另一个足以反映东莞人梦想的，是他们兴建了七十多家星级酒店，其中五星级的也有多家。这么多星级酒店，固然是为了“筑巢引凤”，吸引投资者，同时也为了营造现代大都市的象征意义。

东莞早在1984年就提出了“向农村工业化进军”的口号，也就是向城市化进军。为了打造一座现代制造业名城，他们手里紧抓住三张牌：城市牌、外资牌、民营牌。曾几何时，东莞人自豪地宣称：“东莞一塞车，全球70%电脑产品缺货”、“无论你在哪下单，都有东莞制造”、“全球十双鞋，东莞产其一”、“中国服装五分之一产自东莞”……自豪，也是一种幸福。能够站在历史舞台的聚光灯下，挺起腰杆大声说：“我是东莞人！”谁说不是一种幸福呢？

幸福小札

江南好，风景旧曾谙。
日出江花红胜火，春来江水绿如蓝。
能不忆江南？

——白居易 《忆江南》

东莞松山湖产业园区（摄影：卢政）

阿伯把幸福写在脸上（供图：《南方日报》）

然而，东莞并不以此满足。在这个人口已突破了千万的新兴城市里，大量低起点的“三来一补”企业，与星罗棋布的顶级豪华酒店共存共荣；作为“村民”的东莞人与作为“市民”的东莞人，无论是身份意识，还是生活方式，都处在自我追寻、重新定位的阶段，新旧兼容、表里冲突，不同文化间的反差强烈，却又互相依存。这就是在近距离观察东莞得出的印象。

近年来，世界经济格局发生了翻天覆地的变化，一些外资撤离了东莞，反而让东莞人有时间去思考，究竟我们需要怎样的城市？怎样降低能源消耗与环境污染方面的代价？怎样才能打造一个成功的城市品牌？为子孙后代创造一个美好的家园？农业县也罢，工业城也罢，无论打什么牌，最终目的只有一个，就是让每个人都可以过着富于人性的、诚挚的、有尊严的生活。

产业转移、经济转型，短期内也许是痛苦的，但长期来说，它也可能是更大辉煌的前奏。历史上的东莞，曾经是全国最大的莞香产地，也是岭南主要的产糖区、产盐区；改革开放以前，最令东莞人骄傲的，是他们教会了全中国人民种番薯。这些“威水史”，说起来都是响当当的，如今安在哉？产业的升级转型，腾笼换鸟，都有自己的生命周期。

当初东莞人洗脚上田，也经历了一次前所未有的大转型，东莞人焦虑不安了吗？没有。天塌了吗？也没有。历史上任何一次转型，都没有让东莞人惊慌失措，无论风浪多大，都可以轻舟强渡，安然抵岸。这就是岭南人常说的：“淡淡定定有钱剩。”只要稳住阵脚，烹好这条小鲜，要更上层楼，这是机会了。经过这三十年的锤炼，东莞人的智慧与能力，与1980年代相比，已有了霄壤之别，明天是属于他们的。

（撰稿：叶曙明）

幸福小札

茅檐低小，溪上青青草。
醉里吴音相媚好，白发谁家翁媪。
大儿锄豆溪东，中儿正织鸡笼，
最喜小儿无赖，溪头卧剥莲蓬。
——辛弃疾《清平乐·村居》

中山：博爱之乡

中山市市委书记薛晓峰

要打造“幸福中山”，就重在“和美”两字上，在这个方面，中山也有自己独特的优势。在主流价值观上，要引导大家在幸福观建立上达成共识，寻找一个“幸福最大公约数”，即共享是幸福，共建也是幸福。人人都有追求幸福的权利，但每个人追求幸福不能以影响他人的幸福为前提，尤其是不能影响公众的幸福。

以人名命名的城市，在广东有两个，中山市是其中之一，它是以伟大的民主革命先行者孙中山的名字来命名的。在当今的世界上，凡有华人的地方，没有不知道孙中山的。

全国有多少条中山路？也许多得难以统计，但中山市只有一个，仿佛向天下人宣示着：这里才是历史的“原点”，才是一位世纪伟人的真正“起点”。中山以前叫香山，在近现代史上，名人辈出。当年在广州、香港、东南亚等地从事外贸生意的，香山人占了半壁江山，甚至可以说，上海开埠之初，就是香山人手把手教会上海人怎么做生意的。

但这些昔日的辉煌，现在很少听中山人自己说起了。他们具有岭南人的鲜明性格，那就是低调、朴实、外冷内热，不习惯吹嘘自己如何了不起。但他们确实了不起。中山人外表看似平平无奇，其实内里却是千岩万壑，山高溪深，钟灵毓秀，有如一座还未完全勘探开发的丰富矿藏。

但他们也有外热的时候。且看一年一度的小榄菊花会，千花万花，竞

相怒放，满城尽带黄金甲，小榄镇也因此而得了个“菊城”的雅号。让人感到，菊花在中山人的心目中，已不仅是观赏植物那么简单了，而是赋予了深厚的精神价值。

中山人舞狮、舞鱼、舞鹤、舞麒麟，直舞得地动山摇。问起任何一个中山人，他都会如数家珍般地告诉你：黄圃的飘色、古镇的舞龙、大涌的舞狮、坦洲的咸水歌、五桂山的客家山歌……哪怕只是想象一下，也感觉到五彩缤纷，仿佛扑面而来；八音缭绕，极尽视听之娱。尤其是西区的舞醉龙，在别处难得一见，那真是一团团的烈火，把人烧得血脉贲张。那种张扬、那种气派、那种翩若惊鸿、婉若游龙的身手，令人叹为观止。

幸福小札

西塞山前白鹭飞，桃花流水鳜鱼肥。
青箬笠，绿蓑衣，斜风细雨不须归。
——张志和 《渔父》

博爱，是孙中山生前所倡导的一种高尚的文化精神，他说过：“仁之种类，有救世、救人、救国三者，其性质则皆为博爱。”中山市在1988年创办的“慈善万人行”，以“救死扶伤、扶危济困、敬老助残、助人为乐”为宗旨，正是对博爱的承诺。选择在每年正月初七“人日”举行，也是为了传达对人的慈爱关怀之情。

1989年举办第二届“慈善万人行”时，四乡八镇的民众闻风而动，行善不甘后人，醒狮、仙鹤、纱龙、长龙、醉龙，一起舞动起来。五花八门的传统民间艺术，大锣大鼓，加入到“慈善万人行”的行列，不仅吸引了更多的人参加慈善活动，也让众多濒临危亡的文化遗产，得以重新焕发青春，把慈善活动变成了一场盛大的民间嘉年华。

二十几个春秋过去了，至今已有超过二百万人次参与，超过一百万人捐献善款，中山市红十字会先后发放社会救助金超过1.5亿元，帮助了无数有需要的人。“慈善万人行”已成为中山的最具特色的城市精神文化品牌和城市名片，被誉为“广东乃至全国红十字运动的一面旗帜”。

人们常说：施比受有福。其实，只要懂得感恩，施与受都是幸福的，有大爱的中山人永远是幸福的。

（撰稿：叶曙明）

潮州：工夫茶·犹太人

潮州市市委书记骆文智

建设幸福潮州，我们有基础也有优势。要始终把握科学发展的主题和加快转变经济发展方式的主线，围绕“加快转型升级，建设幸福潮州”的总体要求和实现“五年大变化、十年大发展”的奋斗目标，坚持规模速度与质量效益相协调，坚持内生增长和外力推动相结合，坚持产业发展与生态文明相同步，坚持经济发展与民生改善相统一，坚持改革创新与和谐稳定相促进；努力实现经济保持平稳较快发展、产业结构调整优化、生态环境保持优良、社会建设全面加强、民生质量显著改善、改革开放不断深化的主要目标。

潮州菜，工夫茶。

潮州音乐，潮州木雕，潮绣，枫溪陶瓷。

说不尽潮州的风流蕴藉，说不尽潮州的山川人物。

笔者是潮州人，经常这样向外地的朋友介绍潮州人——

学问做得最好的是国学大师饶宗颐，生意做得最好的是商业巨子李嘉诚；最特立独行的儿子是性学第一人张竞生，最青春浪漫的女儿是优雅达人翁帆，最卓越优秀的女婿是诺贝尔奖得主杨振宁。

如果让我用两个关键词来描写潮州，我选：工夫茶，犹太人。

这两个词似乎风马牛不相及，其实暗藏玄机。

都说潮州人是中国的犹太人，向外拓展，有生意头脑。其实，犹太人不

幸福小札

风乍起，吹皱一池春水。
闲引鸳鸯香径里，手挼红杏蕊。
斗鸭阑干独倚，碧玉搔头斜坠。
终日望君君不至，举头闻鹊喜。
——冯延巳 《谒金门》

千年瓷都记载着千年的幸福（供图：《南方日报》）

只善于做生意，更是产生思想艺术的智慧民族。耶稣、马克思、爱因斯坦、海涅、弗洛伊德……这些人类星空中最耀眼的星座都是拥有犹太血统的。潮州人也是一个善于生存拓展的智慧族群，一句“爱拼才会赢”就是潮州人积极进取的心声。无论是国学宗师饶宗颐还是商业巨子李嘉诚，拓展是故乡烙印在他们身上的人生底色。

都说潮州人是工夫茶泡大的，此话千真万确。无论富商巨贾还是寻常百姓，工夫茶具是家中必备。三五友好，讲古呷茶，日子在袅袅茶香中悠悠而过。

创造幸福，享受幸福，这是潮州人的前世今生。

（撰稿：黄红丽）

揭阳：榕江月色稠

揭阳市市委书记陈弘平

围绕“加快转型升级，建设幸福广东”这一核心，全力实施“一三二”发展思路，一代而强，振兴揭阳，突出抓好“五个大”，即树立大思想，发展大经济，建设大城市，打造大文化，构筑大保障，力拔粤东“五年大变化”头筹，力争拔粤东“十年大发展”头筹。同时，要重视抓好民生民计，切实提高人民群众的幸福指数。

沿着黄岐山大道一路向南，就是揭阳最著名的榕江，和所有延绵数千年的古老河流一样，榕江一直不知疲倦地浸润着她身旁的潮汕大地。在榕江边繁衍了两千多年的揭阳人，似乎也继承了榕江的性格，注重耕读，儒雅睿智，就连这里的方言，据说也格外的细腻婉转。

揭阳虽处在潮汕文化的中心地带，但对中原礼教和先进的意识也从不抗拒。有诗为证：

送胡胡官知潮州

（宋）梅尧臣

自昔揭阳郡，刺史惟韩侯。韩侯初来时，问吏泷水头。到官谕鳄鱼，夜失风雨湫。乃知抱正直，异类尚听谋。潮虽处南粤，礼义无遐陬。勿言古殊今，唯在政教修。适闻豫章士，勇往登犀舟。不畏恶溪恶，叠鼓齐歌讴。远持天子命，水物当自囚。更寻贤侯迹，书上揭阳楼。

幸福小札

群芳过后西湖好，
狼籍残红，飞絮蒙蒙，垂柳阑干尽日风。
笙歌散尽游人去，
始觉春空，垂下帘栊，双燕归来细雨中。
——欧阳修 《采桑子》

榕江是揭阳的母亲河

诗中虽然是以潮州之于韩愈来打比方，但也体现出揭阳的民风也与潮州近似，有这种开放谦虚的胸怀，难怪如曾习经、许地山等人文大师辈出。

尽管揭阳人的性情并不强烈，但这里的名士文人照样名满天下。就像发源自揭阳，流传至整个潮汕地区的“乒乓粿”，不以浓烈味道诱人，只凭清香柔韧回味无穷。其貌不扬的“乒乓粿”，入口韧而不腻，无论咸甜馅料都能做到清淡中齿颊留香。一边听着“乒乓粿”这个别致的名字，一边想象着嘴里由糯米、花生、芝麻等原料做成的团团正在“乒乒乓乓”地碰撞，可算是一个十分有趣的过程。

今天的榕江，两岸虽然已多了无数灯光和高楼，但江面的平静还是如初未变。如诗月光下的揭阳，正在书写着自己独特的年轮。

（撰稿：王亮）

云浮：春临六祖故里

云浮市市委书记王蒙徽

围绕建设幸福云浮这个核心，实施“十大幸福计划”——收入倍增计划、教育提升计划、文化惠民计划、医疗健康计划、社保扩面计划、安居保障计划、扶贫开发计划、基层善治计划、宜居城乡计划、平安云浮计划。

一千多年前，对中国佛教有巨大影响的高僧六祖慧能禅师在今广东云浮地区降生。千年后的今天，这片蕴育中国禅宗文化的古地焕发出新的生机，云浮人迎来了新的春季。

云浮素有“石都”之称。西起云安县白石镇，东至云城区腰古镇，连绵分布四千多家石材企业的百里大道，便是云浮独具特色、蔚为壮观的“百里石材走廊”。云浮的石不仅推动了云浮经济的发展，也渗透在这座城市人们生活的细小角落。城市中的雕像、路边的长凳……许多便是用云浮的石材做成，蜿蜒变幻的石纹成为了这座城中一道优雅的风景线。南山森林公园前，是一条在市民提议下建成的、包含三百多种石材样品的“石材展示大道”。印度红、幻彩绿、蓝珍珠、爵士白……或绚烂或素雅的石材和那些充满想象力的名字，展现出云浮人诗意的生活，也显示出他们对家乡石文化所感的自豪。

近几年来，云浮的公共设施建设和生活环境有了很大的改善。以前道路不平、无活动设施和空间的人民广场已焕然一新。如今，人民广场及周边的街道环境整洁优美，活动空间宽阔舒适了许多，还增添了很多娱乐健身的设施器材。过年过节或闲时无事，许多市民都会来到人民广场一带散步、聊常记溪亭日暮，沉醉不知归路。
兴尽晚回舟，误入藕花深处。
争渡，争渡，惊起一滩鸥鹭。
——李清照 《如梦令》

天、跳舞健身。这里还有露天电影放映场、山清水秀的南山森林公园……呼吸着清新的山林空气悠闲漫步，不失为生活一大乐事。今年春节，人民广场上举行了游园大会，吸引了许多云浮市民。在这广场上，市民们热热闹闹地在欢笑声中共同迎接新春的来临，人与人之间的距离，也在这热闹的气氛中更近了一些。

云浮市内新建成了城市慢行系统，把南山森林公园与城区学校、市场、社区连接起来。自行车可从家门口毫无障碍地直通山上，人与自然“无缝对接”，市民的生活也与自然环境融为一体。而利用云浮南山森林公园、大金山、新兴县六祖文化发源地、罗定市的文塔、郁南县的同乐山自然保护区等云浮市著名的文化旅游景点，云浮将建成5条郊野绿道，分别命名为金道、福道、禅道、文道、同道。过去杂草丛生、堆满垃圾杂物的道路变成了整洁平坦的绿道。城市慢行系统和绿道的建设也使云浮市民养成了在工作之余多与家人亲友骑车郊游的新习惯。

在现代社会高速发展的今天，云浮这座城市的气韵中似仍存留六祖参悟佛理的宁静。与自然相融，慢品生活，这也正是云浮人的幸福之道。

（撰稿：蔡依纹）

云浮禾楼古舞（供图：《南方》）

在为本书搜集资料的过程中，虽经多方搜寻，但由于条件和精力所限，尚有一些文章和图片未能和著作权人取得联系。如您有幸看到，敬请与王编辑（020-87616013）联系，以便奉寄样书和稿酬。

广东教育出版社

2011年3月